曾仕强 刘君政 著

易經

真的 很容易

活出自在从容

贵州出版集团
贵州人民出版社

图书在版编目（CIP）数据

易经真的很容易．活出自在从容 / 曾仕强，刘君政
著．-- 贵阳：贵州人民出版社，2024.3
ISBN 978-7-221-17864-0

Ⅰ．①易… Ⅱ．①曾… ②刘… Ⅲ．①《周易》—研
究②人生哲学—研究 Ⅳ．① B221.5② B821

中国国家版本馆 CIP 数据核字（2023）第 163801 号

易经真的很容易·活出自在从容

YIJING ZHENDE HEN RONGYI · HUOCHU ZIZAI CONGRONG

曾仕强　刘君政 / 著

出 版 人	朱文迅	
责任编辑	严　娇	
出版发行	贵州出版集团　贵州人民出版社	
地　　址	贵阳市观山湖区中天会展城会展东路 SOHO 公寓 A 座	
印　　刷	三河市宏达印刷有限公司	
版　　次	2024 年 3 月第 1 版	
印　　次	2024 年 3 月第 1 次印刷	
开　　本	860 毫米 ×1000 毫米　1/20	
印　　张	9	
字　　数	147 千字	
书　　号	ISBN 978-7-221-17864-0	
定　　价	49.80 元	

曾仕强 ≫

英国莱斯特大学管理哲学博士，曾任台湾交通大学教授、台湾师范大学教授、台湾兴国管理学院首任校长。著有《易经真的很容易：变革与创新》《易经真的很容易：诚信赢天下》《易经真的很容易：活出自在从容》《中国管理哲学》《中国式管理》《大易管理》《胡雪岩的启示》《如何在 36 岁以前成功》《论语的生活智慧》《曾仕强剖析胡雪岩商道》《易经的奥秘》《易经的智慧》等数十种作品。

【作者简介】 ⟨⟩ ≫

刘君政 ≫

台湾师范大学教育学士，美国杜鲁门州立大学教育行政硕士，教授。历任台湾师范大学、彰化师范大学、高雄师范大学教师，胡雪岩教育基金会理事。

何为《易经》？

凝聚着中国古圣先贤智慧的《易经》，曾长久地被误解为一本算命的书。随着科技的发展，东西方文化的交融，《易经》越来越受到中外科学界、文化界的重视，西方学者称之为"一部奇妙的未来学著作"。那么，《易经》究竟是一部什么样的书呢？我们又如何才能够读懂古老而神秘的《易经》？而懂了《易经》的道理，对于我们的人生会有什么意义？

要弄清这些问题，首先要从"何为《易经》"谈起。中国古代文献大都这样论述：《易》（《易经》简称）为群经之首。因为不管是"五经"还是"六经"，都把《易经》摆在最前面。实际上这还不足以表明《易经》的重要地位，应该是"《易》为群经之始"，因为它是中华文化的总源头，是诸子百家的渊薮。《易经》包含的内容十分庞大。《吕氏春秋》记载："其大无外，其小无内。"意思是说《易经》大则大到没有外面，小则小到没有里面。每一个研究者都只是从一个角度去看待《易经》，都只看到其中一个方面，只讲对一部分，而很难把《易经》讲全。就像偌大的北京城，不管是乘坐飞机、火车，还是通过高速公路、国道、省道、县道、乡道都能进来，可是进来以后，谁都不能断言自己已经了解了整个北京。所以，研究《易经》，一定要有比较宽广的包容性。

《易经》是怎样完成的？《汉书·艺文志》记载："人更三圣，世历三古。"《易经》的完成，经历了三位圣人：第一位是伏羲，第二位是周文王，第三位就是孔子。伏羲在上古，周文王在中古，而孔子在近古（又称下古）。总而言之，《易经》成书所经历的时间非常长，所经历的圣人也很多，所以严格来说，《易经》是我国古圣先贤集体创作的成果。

《易经》这本书，其用处何在？其实看完这本书就会发现——《易经》是解开宇宙人生密码的宝典。现在世界各国的科学家，兢兢业业地搞研究，就是希望解开宇宙的密码。在拥有大量科学仪器与尖端技术的情况下，科学家们尚且不敢说能够解开宇宙密码，这么一本几千年前的古老经书，如何能做到这样伟大的事情？但是，《易经》确实做到了，而且这个密码在孔子时就已经被解开。孔子曾感慨："人能弘道，非道弘人。"（《论语·卫灵公》）这句话其实就是在说：宇宙的密码已经解开，但是要靠人来把它发扬光大，而不是等待那个密码自行解开。而之所以说在孔子时就解开了宇宙的密码，是因为我们中华民族的祖先得到了三把钥匙。

第一把钥匙，叫作伏羲八卦。在中国，几乎人人都看过八卦图，一些家庭甚至挂过八卦图，但是除了辟邪，人们不清楚其作用何在。殊不知，那正是一把打开宇宙密码的金钥匙。伏羲八卦揭示了宇宙一个最基本的秘密，中国人用两个字就能概括——"阴阳"。现代科学研究表明，物体有最小的基本构成元素。中国人认为，"阴阳"就是宇宙万物最基本的构成元素。还有一种观点认为，0和1构成了浩瀚无穷的互联网络；其实中国古代先贤早在几千年前就讲过：一阴一阳产生了宇宙万象。意思其实一样，只是用词不同而已。但是"一阴一阳"如果解释成一个阴和一个阳，那就失之毫厘，谬以千里了。所以在学习《易经》之时，一定要厘清这些细节，避免任何的误解和扭曲，以致错解这一部解开宇宙人生密码的宝典。

第二把钥匙便是文王六十四卦，它象征着宇宙的六十四个密码。凡是密码，必定离不开数字，比如现在的保险箱大都用数字作密码，但是那个数字是死的，一就是一，二就是二。但是《易经》的数不同于数字，也不能用现代的数学观念来理解。《易经》的数是有生命的，是活的、变化的，是"一而二，二而一"的。

第三把钥匙是孔子所作的《十翼》，也称《易传》。孔子替《周易》装上十只翅膀，希望《周易》能够"飞起来"，让世界实现大同。实际上，"地球村"就是世界大同，世界大同就是"地球村"，实现这个理想就要靠这部有十只翅膀的《周易》。

我们今天所看到的《易经》，可以说是三位古圣先贤共同创造出来的：伏羲创造了八卦图；周文王创造了六十四卦，后被称为《易经》；而孔子则为《易经》作了《十翼》，也称《易传》。那么，《易经》的首创人伏羲是谁？他又为什么要创造八卦？

很多人认为伏羲是为了造字，推行文字教育，所以创造了八卦，其实不然。在伏羲的时代，人们以狩猎、打鱼为生，最怕半路上碰到天气骤变的情况。所以很多人向伏羲询问第二天的天气。伏羲可以说是中国古代第一座气象台的台长。随着验证次数的增多,越来越多的人前来询问,伏羲便在树上挂一个"⚏"的图像,示意明天会下雨。之后伏羲根据人们的需要,把气象预报逐渐地扩大,慢慢地推出不同的卦象,就变成了一直到今天我们都很熟悉的八卦,也就是我们经常说的"无字天书"。

所以,《易经》整部书起初只有图像,所有的字都是有了文字以后逐渐添加上去的。加到最后,整部《易经》也不过四千多字。没有文字,没有条条框框,不受任何局限,就可以通天下,通宇宙。伏羲是把整个宇宙都想通了以后,才开始来画卦。所以我们对他那一画非常地尊崇,称其为"一画开天"。《易经》是从开天辟地,也就是今天科学上所讲的大爆炸说起的,一直说到人类最后的状况。我们直到今天还没有完全把它展开,因为我们还有很长的路要走。今后人类世世代代都要取用于《易经》,这是取之不尽、用之不竭的一部宝典。这部宝典历经七千年的岁月,一直流传到今天,足以证明真理永存的道理。而伏羲创造八卦所用的三个方法,对中国人也产生了很大的影响。

第一个方法叫仰视。动物大部分无法仰观天象,所以仰视是人类特有。中国人很会仰,但是仰到后来不够高,只是仰上级的脸色。第二个方法叫俯视。整部《易经》都是从人身上看出来的东西。我们经常讲"万物皆备于我"，因为"我"就是一个小宇宙。宇宙所具有的东西，我们在自己身上全都找得到。自然中有山，人也有，而人身上的山就是鼻梁。第三个方法，用现代的话讲，叫作广角。以广角的方式看天象，就不能光看一个地方，而是四面八方都要顾及。看得很周到，想得很周密，一点都没有遗漏，这样才叫作《周易》。《周易》这个"周"字，跟周朝并没有直接关系，只是刚好与周文王的朝代在字形上相同，所以引起不少人的联想。其实细加考虑一下，周文王精通易理，他不会把自家的姓冠在一本书上，因为这是犯忌的。"周"是周密、周详的意思，而且它还有另外的意思——周流不停、往复循环、生生不息。所以这本书才叫《周易》。

如前文所述，伏羲没有造字，因为他知道整个系统都是图像、数字。伏羲八卦图是由数字组成的，现代高科技的电子计算机系统，也是由数字组成的；因此，有人说，中国七千年前的伏羲，可以说是电脑的鼻祖。那么，古老的《易经》和现代科学之间，到底是一种什么样的关系呢？

可以说，《易经》是完全根据自然发展出来的一套系统。伏羲原来用符号来告诉人们天气变化，后来慢慢发现，不仅仅是气象，有很多跟生活直接相关的东西都可以从里面生发出来。按照今天的说法，《易经》可以说是自然科学。但是，我们知道，在孔子以后，这部书除了自然科学的部分，又另外加上了一部分，叫作人伦道德。两部分合起来，才能够表示整体的《易经》。所以说，中国人所讲的道理，都是从自然中生发出来的，我们一切向自然学习，以自然为师。狂妄自大，想怎么样就怎么样，是不合自然的。有人会问，现代科学难道不可以持续发展吗？当然可以。科学是人类非常需要的东西，只不过不能忘了要用自然来引导科学。我们要记住，一切事物的好与坏、对与错，都要用是否符合自然这一标准来检验。

最后，现代人从《易经》中能获得什么实际的意义？第一点，《易经》可以纠正我们很多似是而非的观念。例如，今天大家普遍认为自信是对的。《易经》里面讲"自天佑之，吉无不利"，是包括自信在内的。人有可控制的部分，也有不可控制的部分，可控制的部分是"操之在我"，但是不可控制的部分是"操之在天"。《易经》所包括的"自信"其实是指对"天"有信心，而不是对自己有信心。我们相信"天"会保佑我们这种人，我们多拐一个弯想一想，如果"天"不保佑我们这种人，那还保佑谁呢？如此而已。如果把"天"去掉，只有自信，那就会自大，就会狂妄，就会过分自我，然后人际关系就会很差，什么事情都做不好。目前有很多所谓的"普世价值"，其实都是有待商榷的，这个要在学完《易经》以后才能厘清。第二点，《易经》既有神秘性，也有道德性。有神秘性，是因为以前科学不够发达，我们没有办法用科学来解释它，所以只好用神道把它包装起来；现在科学发展了，我们可以用现代科学来诠释《易经》里面的神秘性。但是它的道德性，是没有办法取代的。所以，《易经》的道德性，在以后还会得到很好的发扬。第三点，《易经》中求同存异的思想是实现全球化的必由之路。全球性是必然的趋势，谁也阻挡不了，但是还是会有人强烈反对。因为全球化会引起很多人的不安，他们认为全球化就意味着本土文化的灭亡。没有一个地区希望自己的文化走向消亡，只有像《易经》这么广大包容的思想体系才可以解决这个问题——求同存异。我们求同，但是会存异，我们会尊重每个地区的文化，但是我们会在这当中找出一个最大公约数，使其变成"大同"的基因，而这个只有《易经》做得到。

曾仕强

≪ ◇ 前言——代序

　　研究易学的最终目的，在于透过象数以掌握义理。由于象数的价值能够客观呈现，而且不涉及文字，因此更容易发挥个人想象力。人类的学问，不论古今中外，悉由"天垂象"而来，然后各人"心中有数"，因而产生不一样的体会，悟出未必一致的义理。从中我们可以看出：象数是通向义理的最佳"中介"或"桥梁"。也可以说：把象数当作工具，借以领悟义理，应该是良好而有效的学《易》途径。

　　但是，过分看重象数，把《系辞上传》所说的"圣人设卦观象，系辞焉而明吉凶"当作不易的准则，认定六十四卦的卦爻辞，乃至于《易传》的每一字句，都具有其象数上的根据，因而投注大量精力，务求对经、传的每一字句，一一寻找具体的象数来加以解释，那就不免流于烦琐偏颇。反之，也容易像王弼那样，把象数一扫而空，认定只有义理才是易学的精髓，却忘了象数原本是易学的根基所在。象数的研究，从西汉开始便代有其人，迄今不衰。孟喜的卦气说，依据《说卦传》所说的"帝出乎'震'，齐乎'巽'，相见乎'离'，致役乎'坤'，说言乎'兑'，战乎'乾'，劳乎'坎'，成言乎'艮'"，把万物的生长和八卦紧密地联系起来，认为万物产生于象征春分的震卦，生长于象征立夏的巽卦，繁茂显现于象征夏至的离卦，获得役养于象征立秋的坤卦，成熟欣悦于象征秋分的兑卦，交接配合于象征立冬的乾卦，疲劳止息于象征冬至的坎卦，然后成其旧功而将重新萌发于象征立春的艮卦。接下来《说卦传》又指出："万物出乎'震'，'震'，东方也。齐乎'巽'，'巽'，东南也；齐也者，言万物之絜齐也。'离'也者，明也，万物皆相见，南方之卦也；圣人南面而听天下，向明而治，盖取诸此也。'坤'也者，地也，万物皆致养焉，故曰致役乎'坤'。'兑'，正秋也，万物之所说也，故曰说言乎'兑'。战乎'乾'，'乾'，西北之卦也，言阴阳相薄也。'坎'者，水也，正北方之卦也；劳卦也，万物之所归也，故曰劳乎'坎'。'艮'，东北之卦也，万物之所成终而所成始也，故曰成言乎'艮'。"这一段话把八卦的方位和时令结合在一起，虽然没有提及五行相生相克的变化，却十分明显是战国时期五行学说盛行下的产物，这也形成了大家常说的"后天八卦图"。其中，乾、坤的位置，已经从"先天八卦图"的正南和正北，移到西北和西南。

当初或许是出于政治号召的需要，文王为了伐纣，才会把象征王权的乾坤挪移到象征西岐的方位，后来却被大量地引用，弄出很多象数的花样。

孟喜在四时八方之外，又配合十二月、二十四节气、七十二候，甚至将公、辟、侯、大夫、卿的官位也加进去，构成了一个庞大的占断灾异的理论体系。其中，十二月卦气的盛衰消长被广泛引用，流传得十分久远。

"辟"的意思是"君"，"十二辟卦"实即"十二个月的君位"。从农历十一月复卦（䷗）一阳来复开始，大雪节气之后，地面上为冰雪所封，而地下生机微阳渐动，历经十二月临卦（䷒）、正月泰卦（䷊）、二月大壮卦（䷡）、三月夬卦（䷪），到四月乾卦（䷀），已经阴气全消。再由五月姤卦（䷫）到十月坤卦（䷁），阳气全消。观辟卦之理，可领悟天地造化与人事物理的消长盈虚，从而找到安身立命的良方。

把五行掺入阴阳，甚至将天干、地支也拉进来，原本无可厚非，因为易道广大，可以包容一切。用易道来解说五行、天干、地支，应该是顺理成章的。倘若反客为主，认为易学的主要内涵或作用即为象数，因此用五行、天干、地支来代表易道，那就不免失之于偏，无法周全了。

山东有孟喜，河南则有京房。京房喜好音律，依据八卦原理，用"三分损益法"，将十二律扩展为六十律。他又擅长通过六十四卦分值四季气候，以解说灾异、占验人事吉凶。汉元帝初元四年（前45），京房被立为《易经》博士，曾屡次上疏元帝，以自然灾变预测政治情势的变化，大多应验。但是，也由于牵涉到政治，因此他经常遭受公卿大臣的攻击，终于在"诽谤政治，归恶天子"的罪名下，遭下狱处死，年仅四十一岁。

京房的八宫卦图，是将六十四卦纳于八宫之中。他把八经卦各自相重的六爻卦称为"八纯卦"，分成八宫。乾（☰）为乾宫、震（☳）为震宫、坎（☵）即坎宫、艮（☶）为艮宫、坤（☷）为坤宫、巽（☴）为巽宫、离（☲）即离宫，而兑（☱）则为兑宫。每一宫含有七个卦，都是由这一宫的纯卦变出来的。八宫共六十四卦，再加上"纳甲""世应""五行""六亲""飞伏"等因素，构成一套庞大而变化多端的占断术，迄今仍为很多术家所用。我们也将对其略加介绍，以供参考。

三国时代，孙权的谋士虞翻，提出"纳甲""旁通""卦变"等条例，自认为受命于天，理应精通《周易》。孙权曾称赞他"真可以与东方朔相匹敌"，却由于他自视甚高，经常口不择言，所以被孙权流放，但仍不改本色。

　　虞翻的易学，以孟喜的卦气说为主，兼纳其他各家。晋朝永嘉之乱，使汉代易学散失殆尽，所以虞翻的易学，成为后人研究汉易极为重要的资料。

　　三国时期，在虞翻之后，曹魏出了一位青年才俊王弼。他才华横溢，一反前人旧习，以"扫象数，阐玄理"为己任，却不幸于二十四岁时，便身染痢疾而亡。但是他的学说，在晋以后非常盛行，有"独冠于世"的美誉。王弼的"易注"，在唐代几乎成为主流。

　　宋代道士陈抟，以图为说，形成宋代特有的先天象数学。邵雍，字尧夫，谥康节，与周敦颐、张载、程颢、程颐合称"北宋五子"，继续对易学加以深究发扬。到了南宋，朱熹博览群书，建立完整的理学体系。他的《周易本义》，成为元、明、清三朝科举考试长期沿用的易学范本。

　　邵雍以伏羲氏为名，推出先天易图；又以文王为名，提出后天易图。他认为先天方位为本，而后天方位为用。他的这一发明固然引起很多争议，却也产生了极大的影响。

　　北宋盛传的"河图""洛书"的精蕴以及"太极图"的奥秘，成为当时象数学的重要依据。

中山先生在《孙文学说》中，把中国的历史划分为两个时期：周以前为进步的，而周以后则是退步的。为什么呢？因为周以前十分重视数学及创造发明；周以后太过重视君主专制，过分崇尚科举，反而忽略了数学和创造发明。现代人研究《易经》，最好正本清源，以伏羲八卦为根本，采取老子、孔子、孟子的观点，儒道合一，义理与象数兼顾并重，务求透过象数，来切实掌握义理。现代科技发达，更应该尽量对易学加以运用，将之作为研究、说明和应用的辅助。

"太极"可以视为"道""无""一"的同义词，相当于现代所说的五度空间（上下、左右、前后、时间、阴阳）。上下、左右、前后是我们十分熟悉的长、宽、高，也就是三度空间。人类在这里可以飞天入海，已经令人惊奇不已。

爱因斯坦首先指出时间并不是绝对的，在不一样的空间内，时间的快慢实际上并不相同。他基于三度空间，结合相对的时间，提出相对论，使我们明白穿越时光隧道的可能性，形成了四度空间。易卦六爻，老早就告诉我们：

空间有三度，时间也有三度，加起来就构成了六度空间。只不过我们习惯于把看不见的空间称为"鬼神"。《系辞上传》说："六爻之动，三极之道也。"这明白告诉我们：所有事物都同时包含"有形"和"无形"，也就是"物质"与"波动"的特性，只是阴（物质）、阳（波动）的比例稍有不同而已。五度空间可以帮助我们贯穿阴阳，六度空间更能够使我们顺应自然律而心想事成。二十一世纪灵学有机会成为显学，鬼与神应该成为无形宇宙中的灵气。

对于灵气的认识，有赖于个人的观照和领悟。而无形的重力场、云磁场，也并非不可理解的。冀望未来《易经》在这一方面，能有所启迪与贡献！

曾仕强　刘君政

谨识于台湾师范大学

|目|录|

第一章　八宫卦是怎么形成的?

一、六十四卦都从八卦变成　　　　002

二、乾一兑二各有八种情景　　　　004

三、离三震四各有七种变卦　　　　006

四、巽五坎六称为巽宫坎宫　　　　008

五、艮宫坤宫同样有所变化　　　　010

六、八宫的游魂归魂自然数　　　　012

我们的建议　　　　　　　　　　　014

第二章　卦气说有何主要内涵?

一、西汉孟喜揭开卦气序幕　　　　016

二、京房聪慧可惜运气不好　　　　018

三、虞翻提出系统的卦变说　　　020

四、六十四卦都由乾坤变来　　　022

五、气的变化背后有其理在　　　024

六、现代最重要的在端正风气　　026

我们的建议　　　028

第三章　量变和质变有何关系?

一、游魂表示精气神未合一　　　030

二、游魂揭示阴阳循环现象　　　032

三、归魂卦并不是回归本卦　　　034

四、游魂的下卦与本卦相错　　　036

五、游魂是渐变过程的拐点　　　038

六、归魂是防止质变的关卡　　　040

我们的建议　　　042

第四章　为什么四爻那么重要?

一、游魂归魂是心易方便法　　　044

二、以和为贵才是决断之道　　　046

三、坎宫演化重在知险脱险　　　048

四、离宫以同人来避免争讼　　　050

五、随时保持定力合理震动　　　052

六、最后的归魂卦叫作归妹　　　054

我们的建议　　　056

第五章　渐卦六爻说些什么事?

一、少年涉世须知世途艰险　　　058

二、地位稍为稳固必须尽责　　　060

三、离叛群类势将一去不返　　　062

四、进程中抱持卑巽较稳妥　　　064

五、诚心求贤终必如愿以偿　　　066

六、威仪可瞻有赖行止不乱　　　068

我们的建议　　　070

第六章　归妹卦为什么不善终?

一、严守长幼有序化危为安　　　072

二、彼此体谅才能守常有利　　　074

三、既然答应在先就应守分　　076

四、要不要追随应思虑周详　　078

五、品德重于才气谦能受益　　080

六、虚情假意不会有好结果　　082

我们的建议　　084

第七章　怎样看待渐卦和归妹卦？

一、人生的目的在求得好死　　086

二、归妹可以视为渐的终了　　088

三、在渐变中寻找合理归妹　　090

四、归妹是人生大事要慎重　　092

五、由爻变看女归如何渐进　　094

六、彼此和悦才是理想归妹　　096

我们的建议　　098

第八章　萃卦为什么列在兑宫？

一、诚信为促进团结的因素　　100

二、态度不同内心诚信一致　　102

三、未能团结自然觉得苦闷　　　104

四、巩固领导中心至为必要　　　106

五、人心有所归附自然团结　　　108

六、求聚不得也应知危免害　　　110

我们的建议　　　112

第九章　升卦和震宫有何关系？

一、秉持诚信由渐升进而吉　　　114

二、心存诚信还要谨慎小心　　　116

三、升进过分顺利后果难料　　　118

四、恒久坚持诚信可保无咎　　　120

五、步步高升当然大为得志　　　122

六、只有德业可以升而不息　　　124

我们的建议　　　126

第十章　萃和升有哪些卦中卦？

一、萃卦有五个六爻卦中卦　　　128

二、升卦同样有五个互体卦　　　130

三、萃是兑宫最关键的一卦　　　132

四、升是震宫最危险的关卡　　　134

五、游魂归魂都能推理判断　　　136

六、萃聚与升不来的重大启示　　　138

　　我们的建议　　　140

【结　语】

【附　录】

二十一世纪最好以哲理明天道　　　144

乾一兑二离三到艮七坤八，
代表八个基本卦的排列次序。

京房是汉代易学家，
把八个基本卦分成八宫。

明朝来知德，重新加以排列，
形成来氏八卦变六十四卦表。

认为象与易有如形与影，
先通乎象，然后可以明易理。

京房和来知德的八宫卦，
内容相同，只是排列的次序不同。

本章的第一节，先依京房的次序展开说明，
二至五节，则按来氏次序分别加以叙述。

一、六十四卦都从八卦变成

《易经》的"六十四卦"，是由八个基本卦，也就是通常所说的"八卦"加以排列组合而成。汉代易学家，从卦气的角度来加以分析，认为天地是万物的生机所在，天为阳气，而地即阴气。天的阳气与地的阴气相互交感，万物得以化生。乾象征天而坤象征地，乾阳坤阴二气的消长，阳息（长）则阴消（失），阴息则阳消。

在易学家当中，表现最突出的首推京房。他依据阴阳二气消长的变化，制作八宫卦图，以乾（☰）、震（☳）、坎（☵）、艮（☶）、坤（☷）、巽（☴）、离（☲）、兑（☱）八个基本卦，各立一宫，分别依不变（本卦）、一变（初爻变）、二变（初、二爻变）、三变（初至三爻变）、四变（初至四爻变）、五变（初至五爻变）、游魂（初、二、三、五爻变）与归魂（本卦的五爻变）加以排列。八宫各有八种变化，合为六十四卦，其要则如下述：

（一）由下而上，顺序渐变，表示易气由下生。

（二）本卦维持不变；本卦的初爻变为一变；初、二爻一起变为二变；初至三爻齐变为三变；初至四爻一起变为四变；初至五爻同时变即为五变。

（三）接下来，复还于四爻变，也就是将初至五爻变所成的卦，亦即五变那一卦，其中第四爻再变回原来的爻性，因此称为"游魂卦"。最后，把游魂卦的下卦变回本卦原来的下卦（内卦），所以叫作"归魂卦"。

站在象数的立场，这也是一种卦气的排列组合。表示六十四卦，都由八卦的阴阳二气交互变化而成。

	不变	一变	二变	三变	四变	五变	游魂	归魂
乾宫	乾	姤	遁	否	观	剥	晋	大有
震宫	震	豫	解	恒	升	井	大过	随
坎宫	坎	节	屯	既济	革	丰	明夷	师
艮宫	艮	贲	大畜	损	睽	履	中孚	渐
坤宫	坤	复	临	泰	大壮	夬	需	比
巽宫	巽	小畜	家人	益	无妄	噬嗑	颐	蛊
离宫	离	旅	鼎	未济	蒙	涣	讼	同人
兑宫	兑	困	萃	咸	蹇	谦	小过	归妹

二、乾一兑二各有八种情景

北宋邵康节排列出"乾一兑二离三震四巽五坎六艮七坤八"之后，明朝来知德便依照这种自然数的排列，重新安排八宫。兹先以乾一为例，说明如下：

乾（☰）为天，是本卦。初爻由阳变阴，成为天风姤（䷫）；初、二爻变，即成天山遁（䷠）；初、二、三爻变，便是天地否（䷋）；初至四爻变，就是风地观（䷓）；初至五爻变，那就是山地剥（䷖）；这时第四爻变回原貌，即为火地晋（䷢）；最后下卦回归原来的天（☰），便成为火天大有（䷍）。换句话说，乾（☰）为本卦不变。一变成天风姤（䷫），二变为天山遁（䷠），三变即天地否（䷋），四变成风地观（䷓），五变为山地剥（䷖）。倘若再变下去，就成为坤（䷁），也就是乾（☰）的错卦，走入另外一宫了。所以复还四爻变，为火地晋（䷢），称为游魂卦。接下来下卦变为本卦，即成火天大有（䷍），叫作归魂卦。乾卦八个卦，至此完成。

兑宫的变化，情况相同。

兑（☱）为泽，称为兑宫本卦，不变。初爻变为一变，成为泽水困（䷮）；二变即初、二爻齐变，便是泽地萃（䷬）；三变表示初至三爻变，成为泽山咸（䷞）；四变就是初至四爻全变，即成水山蹇（䷦）；五变是初至五爻同时变，成为地山谦（䷎）；复还于四爻变，为雷山小过（䷽），称为游魂卦；最后归本卦，就是雷泽归妹（䷵），叫作归魂卦。

依此类推，"乾一兑二离三震四巽五坎六艮七坤八"，各有八个卦。其中象的变化，都不外乎阴阳互变，彼此消长。

乾一变

本卦　乾为天　初爻变　天风姤　二爻变　天山遁　三爻变　天地否　四爻变　风地观　五爻变　山地剥　复还四爻变　火地晋　归魂卦　火天大有

兑二变

本卦　兑为泽　初爻变　泽水困　二爻变　泽地萃　三爻变　泽山咸　四爻变　水山蹇　五爻变　地山谦　复还四爻变　雷山小过　归魂卦　雷泽归妹

三、离三震四各有七种变卦

接着看离三变，也就是离宫的变化：

离（☲）为火。初爻变为火山旅（䷷）；二爻变成火风鼎（䷱）；三爻变即火水未济（䷿）；四爻变为山水蒙（䷃）；五爻变成风水涣（䷺）；复还四爻变即天水讼（䷅），也就是游魂卦；而归本卦即为天火同人（䷌），称为归魂卦。

我们回头看乾宫的变卦，天风姤（䷫）、天山遁（䷠）都有天（☰），天地否（䷋）有天（☰）也有地（☷），风地观（䷓）、山地剥（䷖）、火地晋（䷢）都有地（☷），而火天大有（䷍）则有天（☰），可见乾宫八卦都离不开天（☰）或地（☷）。兑宫的变卦，泽水困（䷮）、泽地萃（䷬）都有泽（☱），泽山咸（䷞）有泽（☱）也有山（☶），水山蹇（䷦）、地山谦（䷎）、雷山小过（䷽）都有山（☶），而雷泽归妹（䷵）则有泽（☱），可见兑宫离不开泽（☱）或山（☶）。而离宫的八卦，离不开火（☲）或水（☵）。

震宫八卦，离不开雷（☳）或风（☴）。我们看震宫的变卦，便能明了。

震（☳）为雷。初爻变为雷地豫（䷏），二爻变成雷水解（䷧），三爻变即是雷风恒（䷚），四爻变成为地风升（䷭），五爻变便是水风井（䷯），复还四爻变成为游魂卦泽风大过（䷛），而归本卦即是归魂卦泽雷随（䷐）。

其中震卦（☳）为雷（☳），雷地豫（䷏）、雷水解（䷧）都有雷（☳），雷风恒（䷚）有风（☴）也有雷（☳），地风升（䷭）、水风井（䷯）、泽风大过（䷛）都有风（☴），而泽雷随（䷐）则有雷（☳），是不是全都离不开雷（☳）或风（☴）呢？

离三变

本卦	离为火
初爻变	火山旅
二爻变	火风鼎
三爻变	火水未济
四爻变	山水蒙
五爻变	风水涣
复还四爻变	天水讼
归本卦	天火同人

震四变

本卦	震为雷
初爻变	雷地豫
二爻变	雷水解
三爻变	雷风恒
四爻变	地风升
五爻变	水风井
复还四爻变	泽风大过
归本卦	泽雷随

四、巽五坎六称为巽宫坎宫

巽宫八个卦，从本卦巽（☴）为风开始。初爻变成为风天小畜（䷈），二爻变是风火家人（䷤），三爻变为风雷益（䷩），四爻变就是天雷无妄（䷘），五爻变成为火雷噬嗑（䷔），复还四爻变是游魂卦山雷颐（䷚），而归本卦即为归魂卦山风蛊（䷑）。巽宫八卦，都离不开风（☴）或雷（☳）。

再看坎宫八个卦，同样从坎（☵）为水开始。初爻变成为水泽节（䷻），二爻变即是水雷屯（䷂），这两卦都有水（☵）；三爻变成为水火既济（䷾），有水（☵）也有火（☲）；四爻变就是泽火革（䷰），五爻变便成为雷火丰（䷶），都有火（☲）；复还四爻变就是游魂卦地火明夷（䷣），有火（☲）；而归本卦便是归魂卦地水师（䷆），其中有水（☵）。可见坎宫八卦，都离不开水（☵）或火（☲）。

乾宫离不开天（☰）或地（☷）；兑宫离不开泽（☱）或山（☶）；离宫离不开火（☲）或水（☵）；震宫离不开雷（☳）或风（☴）；巽宫和震宫一样，离不开风（☴）或雷（☳）；坎宫则和离宫一样，离不开水（☵）或火（☲）。我们由此可以推知：艮宫和兑宫一样，离不开山（☶）或泽（☱）；坤宫也和乾宫一样，离不开地（☷）或天（☰）。这是什么道理呢？

《说卦传》指出："天地定位，山泽通气，雷风相薄，水火不相射，八卦相错。"天（☰）和地（☷）相错，一高一低，各有其位。山（☶）和泽（☱）相错，互通气息。雷（☳）和风（☴）相错，彼此应和。而水（☵）和火（☲）也相错，不彼此厌弃而相通。

巽五变

本卦　巽为风
初爻变　风天小畜
二爻变　风火家人
三爻变　风雷益
四爻变　天雷无妄
五爻变　火雷噬嗑
复还四爻变　山雷颐
归本卦　山风蛊

坎六变

本卦　坎为水
初爻变　水泽节
二爻变　水雷屯
三爻变　水火既济
四爻变　泽火革
五爻变　雷火丰
复还四爻变　地火明夷
归本卦　地水师

五、艮宫坤宫同样有所变化

接下来，我们要看艮宫的变化，同样从艮（☶）为山开始。

初爻变成为山火贲（䷕），二爻变即为山天大畜（䷙），三爻变便是山泽损（䷨），四爻变即为火泽睽（䷥），五爻变就是天泽履（䷉），复还四爻变成为游魂卦风泽中孚（䷼），而归本卦便是归魂卦风山渐（䷴）。

这样看起来，艮宫和兑宫一样，离不开山（☶）或泽（☱）。

至于坤宫的变化，当然从坤（☷）为地开始。

初爻变成为地雷复（䷗），二爻变即为地泽临（䷒），三爻变就成为地天泰（䷊），四爻变便是雷天大壮（䷡），而五爻变即成为泽天夬（䷪），复还四爻变成为游魂卦水天需（䷄），归本卦即为归魂卦水地比（䷇）。

可见坤宫和乾宫一样，离不开地（☷）或天（☰）。京房八宫，从本卦乾（☰）、兑（☱）、离（☲）、震（☳）、巽（☴）、坎（☵）、艮（☶）、坤（☷）到五爻变分别所成的卦——山地剥（䷖）、地山谦（䷎）、风水涣（䷺）、水风井（䷯）、火雷噬嗑（䷔）、雷火丰（䷶）、天泽履（䷉）、泽天夬（䷪），可以说到了变之极，因为一旦六爻变，就成为本卦的错卦，进入到另外一宫了。所以五爻变之后，采取复还于四爻变的方式，也就是把五爻变所成卦的第四爻恢复原本的爻性，因此称为游魂卦。既然第四爻可以恢复原来面貌，下卦也就顺势恢复本卦内卦的样子，于是出现了归魂卦。每一宫的游魂卦和归魂卦，上卦都一样，而下卦也刚好互错，显得十分自然而调和。

本卦　艮为山　初爻变　山火贲　二爻变　山天大畜　三爻变　山泽损　四爻变　火泽睽　五爻变　天泽履　复还四爻变　风泽中孚　归本卦　风山渐

艮七变

本卦　坤为地　初爻变　地雷复　二爻变　地泽临　三爻变　地天泰　四爻变　雷天大壮　五爻变　泽天夬　复还四爻变　水天需　归本卦　水地比

坤八变

六、八宫的游魂归魂自然数

由于乾（☰）坤（☷）两卦相错，所以乾宫和坤宫所属的八个卦，也都彼此相错。一变姤（☴）错复（☳），二变遁（☶）错临（☱），三变否（☶）错泰（☴），四变观（☶）错大壮（☳），五变剥（☶）错夬（☱），游魂晋（☶），错需（☴），归魂大有（☲）错比（☵）。两两相错，完全彼此对应。同理可知兑（☱）与艮（☶）、离（☲）与坎（☵）、震（☳）与巽（☴）的情况，也和乾（☰）与坤（☷）相同，全部互错。"错"的意思，是互相对待，形容阴阳二气彼此相对待的自然现象，也就是《说卦传》所说"八卦相错"的情况。"错卦"也可以称为"对卦""类卦"或"旁通卦"，名异而实同。因为天地造化，孤阴独阳不能生成，必须阴阳相错、天地交泰，然后万物得以滋长，而宇宙得以长存。

每宫的归魂卦，代表这一宫演化的最后结局。乾宫的归魂卦为大有（☲），表示乾宫经由姤（☴）、遁（☶）、否（☶）、观（☶）、剥（☶）、晋（☶）的演化，最后归于大有。归魂卦的前一阶段，称为游魂，象征本卦经由不变而一变、二变、三变、四变到了五变，已经是变之极，于是回头把第四爻的原魂招回来，这才称为游魂卦。接下来，顺势把下卦的原魂也招回来，称为归本卦，术家把它叫作归魂卦。乾宫游魂、归魂都有火（☲），离宫这两卦都有天（☰）。乾宫归魂为火天大有（☲），离宫归魂为天火同人（☲）。兑宫归魂为雷泽归妹（☳），震宫归魂为泽雷随（☱）。巽宫与艮宫，坎宫与坤宫，也有同样的情况，全都是自然数的呈现。

乾宫 [游魂　火地晋
归魂　火天大有] 都有火　**VS**　离宫 [游魂　天水讼
归魂　天火同人] 都有天

兑宫 [游魂　雷山小过
归魂　雷泽归妹] 都有雷　**VS**　震宫 [游魂　泽风大过
归魂　泽雷随] 都有泽

巽宫 [游魂　山雷颐
归魂　山风蛊] 都有山　**VS**　艮宫 [游魂　风泽中孚
归魂　风山渐] 都有风

坎宫 [游魂　地火明夷
归魂　地水师] 都有地　**VS**　坤宫 [游魂　水天需
归魂　水地比] 都有水

❀❀❀ 我们的建议 ❀❀❀

（一）明朝来知德（1525—1604）认为解卦必须明象，不能舍象言理。他提出"爻变说"，声称任何卦只要其中的一爻变，整个卦的卦名、卦象、爻象，以及错综关系，都会跟着有所改变。果真是牵一发而动全身。

（二）早在汉代，京房（公元前77—公元前37）已经将六十四卦重新加以组合，依乾、震、坎、艮、坤、巽、离、兑八宫制作八宫图，以爻象变化来描述阴阳消长的过程。

（三）八宫图表示阴阳变化，是一种由下而上、有次序的渐变过程。变到了极点，便转为由上而下，显现了循环往复的规律。每一宫的一个本卦，加上七个变卦，合起来八个。八八六十四，正好总数为六十四卦。

（四）游魂的意思是，本卦五变之后，第四爻先恢复本卦的爻象。由于仍然停留在外卦的位置，尚未回到内卦，好比灵魂在外游荡未归那样，因而称为"游魂卦"。

（五）归魂卦由游魂卦更进一步，内卦也恢复本卦原有的爻象。有如灵魂由外归返到内，全卦只剩下第五爻的爻象与本卦不同，其余各爻均已归返原位，所以叫作"归魂卦"。

（六）八宫的变化，主要来自卦气说的流行。我们最好先对它的基本法则作一番了解，然后再顺着它的发展来加以探索，应该就会更有心得。

卦气说可以印证一年当中的气候变化，
以及阳长阴消和阴长阳消的整体配合。

正常的卦气，称为正气，亦即浩然之气；
反常的卦气，叫作乱气，具有破坏性的力量。

卦气的交互流转，可以产生卦变，
造成各种错综复杂的不同卦象。

乾阳气与坤阴气的交互作用，
变化出其余六十二种卦象，互有牵连。

气的变化，背后有一定的道理，
可以把它归纳出来，反过来解释卦气的变化。

气代表意志、信息，看不见却不可忽略，
若是人不能与大自然通信息，怎么能够天人合一呢？

一、西汉孟喜揭开卦气序幕

西汉宣帝时，孟喜以卦气说来印证一年当中的气候变化，以及阳长阴消和阴长阳消的整体配合。从一阳来复的复卦（䷗）（代表冬季的十一月）开始，到六爻皆阳的乾卦（䷀）（象征夏季的四月），是为"阳长阴消"。接下来，从一阴初现的姤卦（䷫）（代表夏季的五月），一直到六爻皆阴的坤卦（䷁）（象征冬季的十月），即为"阴长阳消"。把农历节气的变化，与六十四卦相呼应，很可能是由于秦始皇焚书坑儒。汉代士人心有余悸，开始相信在读书明理之余，学习如何靠术数占断吉凶灾异以求自保，更有必要。因此象数易学成了两汉易学的主流，而孟喜的卦气说，正是它的序幕。其详细情况大多已经失传，我们把仅存的一些要则分述如下：

（一）以坎（䷜）、离（䷝）、震（䷲）、兑（䷹）为四正卦，这四卦的二十四爻，分主一年的二十四节气。坎初六主冬至，离初九主夏至，震初九主春分，而兑初九主秋分。其余二十爻，也各主一气，用以象征方位和时节，意义重大。

（二）其余六十卦除以一年十二个月，正好每五卦值一月。大抵起于中孚（䷼）而终于颐（䷚），象征从万物萌芽一直到获得颐养的卦气变化。

（三）主要依据在于《说卦传》所说的"帝出乎震"。天地造化的宇宙万物，产生于象征春分的震卦，一齐成长繁茂于象征夏至的离卦，成熟欣悦于象征秋分的兑卦，疲乏止息于象征冬至的坎卦。卦气说用来作为占验灵异之需，发展出多种"易纬"，这些都是术的应用。

孟喜四正卦与二十四节气

坎六三大寒
坎九二小寒
坎初六冬至
兑上六大雪
兑九五小雪
兑九四立冬

坎

兑六三霜降　　　　　　　　坎六四立春
兑九二寒露　　　　　　　　坎九五雨水
兑初九秋分　　　　　　　　坎上六惊蛰
离上九白露　震　　　　　　震初九春分
离六五处暑　　　　　　　　震六二清明
离九四立秋　　　　　　　　震六三谷雨

兑

离

离九三大暑
离六二小暑
离初九夏至
震上六芒种
震六五小满
震九四立夏

二、京房聪慧可惜运气不好

京房是焦延寿的学生，他从老师那里学到卦气的变化，又知道六十四卦的每一卦都可以各自变成六十四卦，总共可得到四千零九十六卦。于是，京房建立了一套占筮体系，对后代产生了很大的影响。但是，焦延寿对京房热心占验灾变尤为忧虑，曾说："得我道以亡身者，必京生也。"果真不幸而言中，京房在四十一岁时，即被人诬告与叛党同谋，被下狱处死。常言道"精于刀者死于刀，精于枪者死于枪，精于游泳者死于水"，此说法或过于绝对，但有一定道理，精于占筮者恐怕也难以例外吧！

实际上，依据"一阴一阳之谓道"的观点，卦气的运行有正常的，就有反常的。一年四季的气候变化，倘若合乎自然秩序，那就是正常的卦气运行；如果反其道而行，当然成为异常或反常。正常的卦气，称为"正气"，也就是孟子所说的"浩然之气"；反常的卦气，即为"乱气"，足以产生干扰性或破坏性的力量。譬如否卦（䷋）为天地不交、闭塞不通之象，也就是因乱气否定了正气所造成的"小人道长，君子道消"情景，与泰卦（䷊）完全相反。又如剥卦（䷖）上九一阳被剥落，然后变为一阳生于下而成复卦（䷗），所以复卦的初九爻辞为"不远复"，表示失去不远即知回复，当然很快就能恢复正道。由此可见，卦气说不但可以用来预测灾变，而且能够依气推理，找出所以如此演化的道理。

"气"是中华文化的重要课题，卦气的运用，当然不能忽视。如何对其加以妥善处理，应该是大家共同努力的目标。只要气的运用得宜，必能获得良好效果，这就叫作"运气好"。

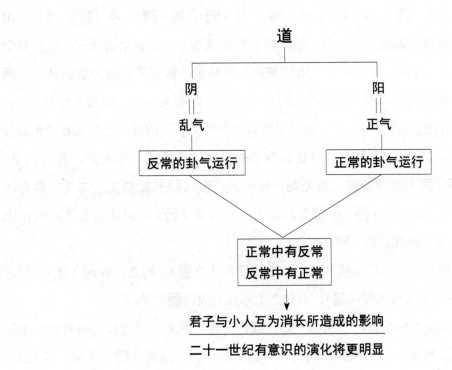

道

阴　＝＝　乱气

阳　＝＝　正气

反常的卦气运行

正常的卦气运行

正常中有反常
反常中有正常

君子与小人互为消长所造成的影响

二十一世纪有意识的演化将更明显

三、虞翻提出系统的卦变说

我们已经知道：十二消息卦（十二辟卦）乾（☰）、复（☷）、临（☷）、泰（☷）、大壮（☷）、夬（☰）、剥（☷）、观（☷）、否（☷）、遁（☰）、姤（☰）、坤（☷），其阴、阳爻的排列，规整而有序。其他五十二卦，阴、阳爻则相互交杂，显得杂而无序，汉代易学家便称之为"杂卦"。这样，我们对于"错综复杂"的卦象，就有了更进一步的认识：两卦的六爻，两两阴阳相错，叫作"错卦"；两卦六爻，彼此颠来倒去，即为"综卦"；卦的上下卦相同，这样的卦称为"复卦"。而这里所说"杂而无序"的卦，当然就是"杂卦"。

虞翻告诉我们："杂卦"是由十二消息卦变来的。譬如一阴或一阳的卦，各有六个，都由复（☷）或姤（☰）两卦变来。首先是一阳的卦：复（☷）卦初爻之二爻，即为师（☷）；初爻之三爻，便是谦（☷）；初爻之四爻，变成豫（☷）；初爻之五爻，叫作比（☷）；而初爻之上爻，那就是剥（☷）了。

另外六个一阴的卦，则由姤（☰）来：初之二即同人（☰），初之三成履（☰），初之四为小畜（☰），初之五变成大有（☰），而初之上那就是夬（☰）了。

依此类推：二阴或二阳的卦，都由临（☷）或遁（☰）变来；三阴或三阳的卦，都从泰（☷）或否（☷）变来；四阴或四阳的卦，皆自大壮（☷）或观（☷）变来。算起来，只剩下中孚（☷）和小过（☷）两卦不包括在内，它们可以说是两个特殊的变卦。中孚四阳二阴，只能说它由讼（☰）变来。小过四阴二阳，则自晋（☷）卦变来。

虞翻十二消息卦出入图

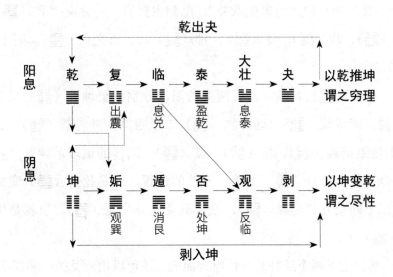

四、六十四卦都由乾坤变来

虞翻的系统卦变说，充实了"变易"的内涵，他还指出："究极而言，凡卦皆从乾、坤来。"他认为天、地是万物的总父母，所以乾、坤也是其余六十二卦的总父母。《系辞下传》说："物相杂，故曰文。"虞翻的解释则是："乾阳物，坤阴物，纯乾、纯坤之时，未有文章。"对《系辞下传》所说的"四象生八卦"，虞翻也有另一种解说："乾（☰）二、五之坤（☷），则生震（☳）、坎（☵）、艮（☶）；坤（☷）二、五之乾（☰），则生巽（☴）、离（☲）、兑（☱）。"

意思是说：乾卦（☰）九二、九五两爻的阳，分别往至坤卦（☷）二爻、五爻的位置，于是坤（☷）变成坎（☵）。这时坎（☵）二至四爻互卦为震（☳），三至五爻互卦为艮（☶），由是生出震（☳）、坎（☵）、艮（☶）。同样的道理，坤卦（☷）六二、六五两爻的阴，分别往至乾卦（☰）二爻、五爻的位置，于是乾卦（☰）变成离卦（☲）。离（☲）卦的二至四爻互卦为巽（☴）、三至五爻互卦为兑（☱），也就是生出巽（☴）、离（☲）、兑（☱）了。

每一个卦，都由上下两个经卦的卦体组合而成，还可以由六爻的中间四爻，也就是二、三、四、五爻，三爻一体、三爻一体地交互组成两个新的经卦卦体。也就是说：二至四爻互成一卦，三至五爻互成一卦，这种情况称为"互体"。虞翻的乾坤生六子，主要在阐明天地生万物、天地生万象的道理，这也成为人们"谢天谢地"的重大依据。

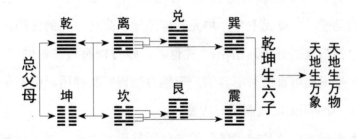

五、气的变化背后有其理在

宋代邵康节，名雍，字尧夫。他把道家的"无、有"和儒家的"阴、阳"合起来看，指出："道"是万物化生的本源，"道"生"神"和"气"。一个人乃至一个民族气定神闲，显得神气而不骄傲，当然与"道"密切相关。由于"神以知来"，且气的不断变化有形可见，我们对未来的变化大多心中有数。阳气多的为刚，阴气多的便为柔。

实际上，天地万物所以能够生生不息，不过是"一气流行"所产生的作用而已。这一气，含有阴阳的动能，由乾元主导，坤元合理地加以配合。乾的作用，不可见闻，不可得名，所以称为"神"。《说卦传》指出："神也者，妙万物而为言者也。"天地造化的神奇功能，妙不可言，是很难用言语来形容的。天地万物皆有其神用，但不是想变就变，必须"乘气"而变，也即因应阴阳之气而适时应变。

邵康节的最大贡献，应该是把"气"的变化所呈现的"理"找了出来，然后，再反过来解释了"气"的变化。他认为人类是大自然的一部分，我们的所有活动，包括言行举止种种变化，都和大自然的气密切相关。从卦气的变化来看，三皇（天皇伏羲、地皇神农、人皇黄帝）、五帝（少昊、颛顼、帝喾、尧、舜）之后，我国历史便只有王、霸之分。他认为三皇之世最切近于道，完全无为而治。五帝之世多"德"的表露，"教"重于"化"。王的精神重"劝"，霸的主力在"率"。"化、教、劝、率"，符合"春、夏、秋、冬"的时宜。中华帝制早已终结，现代如何开创出新的风气，似乎仍在摸索、研究与改善的过程当中。

我国历史有限的一面

皇：以道化民，道能久，可传至千世。
天皇伏羲、地皇神农、人皇黄帝，称为三皇。

帝：以德教民，得民心，可传至百世。
少昊、颛顼、帝喾、尧、舜，称为五帝。

王：以功劝民，其效较远，可以传十世。
实施仁政，谓之仁君，王道明君。

霸：以力服人，止于其身，一世而已。

中华文化的传承才是万古常青的根本原因

六、现代最重要的在端正风气

"气"在人的身上，形成气质。"气"是看不见的，然而"质"却看得见。如果说"气"属"无"，那么"质"便属"有"。大自然从"无"的"志气"或"气息"，产生出"有"的"质量"或"品格"。万物都有"气"，因而都能"生"。

《易经》乾卦为天，表示大自然的运行，其不但有意志，而且刚健不息，所以才说"天行健"。天的意志形成一种信息，传达给人类，要我们培养"浩然之气"，务求"自强不息"。如此天人相应，便是天人合一的具体功效。

现代大部分人热心于"学"，而所学的对象，大多是些专而不通的东西，对于大自然的信息，丧失了通气的能力，这是尤其需要注意及调整的。

"不知《易》，不足以为将相。"现代有的人居高位，却能毫不犹疑地说出"我不懂什么叫《易经》"，这才是首先必须端正的风气。我们是《易经》浸润下的民族，不懂《易经》是何等严重的缺陷！与其指责、咒骂，不如及早研读，早日救自己也救同胞。

人人都需要修身，修身以养气为主。这个"气"和"空气"毫无关系，它代表着上天的信息通达于我们的意志。只要通的人多了，社会风气自然很快就能趋于端正。

中华民族长期以来，科学十分发达，却从来不提"科学"，

因为它不过是一种有关大自然的学科而已！

"Science"应该翻译成"学科"而不是"科学"。

中华子孙自古重视祭祀，却不落入"宗教"的门槛。

因为有了宗教，难免有强烈的分别心、排他性。

没有宗教，当然不可能引起宗教战争。

中华子孙有情性、有灵气，能够接收大自然的信息。

我们知道"有生于无"，也明白"无中生有"的道理。

若现代人缺乏这些素养，社会风气也可能会变得令人忧虑。

❖ 我们的建议 ❖

（一）"气"可以视为宇宙能量的总称，含有我们出生之前的先天"炁"，和出生后所接触的阴阳"气"。人活着，不过就赖一口气。只要一口气上不来，便活不成，死了。

（二）先呼后吸，有利于换气。所以呼而开的叫作"阳"，吸而阖的称为"阴"。于是奇数为阳、偶数为阴；反为阳、正为阴。气的变化，产生了我们的生命。一切由气而生，六十四卦也全是由气的变化生成的。

（三）卦气的变化，透露出大自然的信息。人除了了解"有"，还要认识"无"；除了充实"知"，还要多"悟"。现代人不要过分专注易理，也要兼重气数。

（四）大自然是统一的、整体的、不能分割的。人类的学问，当然也务求能通。先把学问统一起来，再求人类社会的统一。和平发展、和谐互助，岂不就是幸福的世界！

（五）阴阳二气的变化，有持续的，也有不持续的。倘若把变化的规律整理出来，倒过来观察阴阳的变化，便能够预测未来的趋势。有例行便有例外，准确与否的关键，现在已经十分清楚，就在于人的德行，这才叫作"《易》为君子谋，不为小人谋"。

（六）游魂卦和归魂卦，为什么会取这样的名称？和"魂"有什么关系？"魂"又是什么？接下来，我们就要尝试着加以探讨，看看有什么特别的用意？

一般来说，爻变是量变，逐渐发展，
六爻齐变，便成为质变，由此宫入彼宫。

每一宫的一变、二变、三变、四变到五变，
虽然都是变卦，却维持着逐渐演变的过程。

上九、上六不能变，一变就成为质变，
从这一宫变成另外一宫，本质改变了。

为了保持本宫的基本精神，上爻不变，
于是把第四爻变回原来的象，成为游魂卦。

再从游魂着手，将内卦变回原状，
内心一变，游魂就回来了，成为归魂卦。

归魂卦可以防止本宫的质变，
使其仍然保持着本宫原有的精神与行为。

一、游魂表示精气神未合一

人活着的时候，以精气神合一为上乘。然而，只要我们活着，就不可能长久保持精气神合一的状态。因为大自然的规律是"常中有变，变中也有常"。我们常说"失魂落魄"，意思便是精神恍惚，失去了主宰。原来人有"魂"也有"魄"。"魂"为灵魂，占百分之三十；"魄"即体魄，占百分之七十：所以才说"三魂七魄"。表面上看起来"魄"的分量比较大，但实际上"魂"才是主宰。

体魄是我们的身体，含有筋骨、血肉（称为"精"）以及呼吸、行为（叫作"气"）。灵魂可聚可散，聚时乘气而兴起思虑，散时藏于魄而静止。魂的聚散，令人有如神游，变化无方，所以称为"游魂"。《系辞上传》指出："精气为物，游魂为变，是故知鬼神之情状。"想必与此有关的也就是生与死的变化。然而，"游魂卦"的命名，是否由此而来，则不得而知。我们只知道，魂不守舍的状态，固然有一部分来自惊吓，以致魂不附体，把魂吓得飞离了体魄；但也有一部分，则是心神不定，灵魂出于种种原因，离开了体魄，幸好不久后就会返回。从游魂到归魂，时间短暂，尚不至于影响我们的正常生活；若是灵魂一去不复返，从此与体魄长期脱离，那就是死亡，不能复活了。我们偶尔会发呆，视而不见，听而不闻，对周遭环境似乎失去了反应，有人用手掌在我们眼前上下晃动，我们也没有感觉。这种状态，即称为游魂，意思是灵魂离开体魄，暂时出游去了。静坐入定，则是老子所说的"营魄抱一"，也就是灵魂与体魄合一，相当于"负阴而抱阳"，可以达到"冲气以为和"的作用。

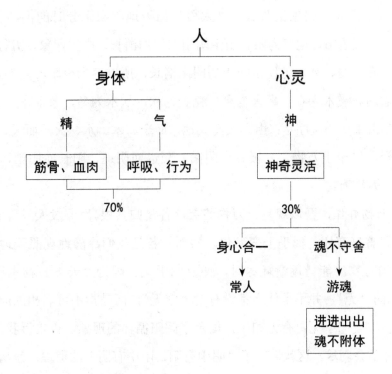

二、游魂揭示阴阳循环现象

《易》的经文，原本并没有"阴阳"的字样，但是《系辞上传》指出："《易》有太极，是生两仪，两仪生四象，四象生八卦。""太极"指天地阴阳未分时的混沌状态，"两仪"即为阴阳二气。天气为阳，地气为阴。由于阴阳二气的消长，产生四象、五行与万物。"四象"本指四时，春、夏、秋、冬便是一年的阴阳消长，所以春为少阳，夏为老阳，秋即少阴，而冬即为老阴。震木为春，离火为夏，兑金为秋，坎水为冬，象征木、火、金、水各主一时。可见宇宙生成的次序是：由太极而天地，而金、木、水、火，而天、地、雷、风、水、火、山、泽，以至于万物。太极分出阴阳，阳进而阴退，阳长而阴消，阳动而阴静，逐渐演化而产生万事万物。

老子说："万物并作，吾以观复。万物芸芸，各复归其根。"一般人只看到万物发展的情状有高有低、有好有坏，似乎千变万化。然而，若是我们冷静地观照天地造化的玄妙，就不难发现：当万物的能量逐渐耗尽时，便复归于无。因为"天下万物生于有，有生于无"。老子所说的"无"，并不是什么都没有的"空无"，而是指不可名相的原始混沌状态。无中生有，最后有复归于无。有无相生，揭示了阴阳循环的现象，也告诉我们：阴气与阳气始终存在，并不会剥尽。这就说明了"阴中有阳，阳中有阴"的道理。京房的八宫卦图，透过游魂卦和归魂卦，揭示了由阴阳二气所形成的自然环境呈现着循环往复的变化，其中也指明了天下万事万物自然变化的根源。八宫的卦变，莫不依循着这样的自然律。

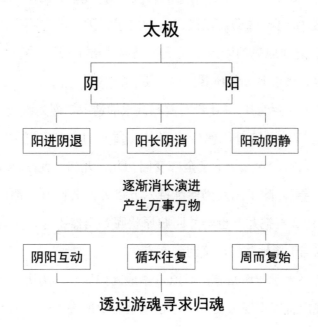

三、归魂卦并不是回归本卦

我们先以乾宫为例，由初九开始，因为易气由下生，依序变为姤（☰）、遁（☰）、否（☰）、观（☰），到初爻至五爻全部由阳变阴而成剥卦（☰）。这时候若是再将上九由阳变阴，那就是剥尽而成为坤卦（☷），已经进入坤宫了。因此上九不变，反而将剥（☰）的上卦（☶）始爻由阴变回原先的阳，于是成为晋卦（☰）。这时候的九四爻虽然是阳爻，却仍然处于外卦（也就是上卦）的位置，尚未返回到内卦（也就是下卦）的位置，好比灵魂在外游荡，所以称为"游魂卦"。还没有复归其根的情况，即为游魂。

晋卦（☰）是乾宫的游魂卦，倘若将晋卦（☰）的下卦（☷），恢复到原先的乾卦（☰），也就是初六、六二、六三一下子全部变回初九、九二、九三，便成为大有卦（☰）。这时候原先的乾卦（☰），除了九五仍然维持六五以外，其他五爻都已经恢复原状，所以称为"归魂卦"。为什么不把九五也一并回归原状呢？当然不行，因为那样一来，又恢复乾卦的原本状态，相当于原地踏步，又回到原点了。

可见循环往复并不表示一切归零，原原本本地回归原点。历史会重演，但每一次都不会完全一样。中华民族特别重视历史意识，也就是历史所揭示的道理。因为历史的事实是变易的，而历史的意识却是不易的。唯有掌握不易的历史意识，才能灵活而合理地适应历史事实的变化，我们称之为"持经达变"。合理地随机应变，不能存心投机取巧，如此才能立于不败之地，恒久地唯变所适。

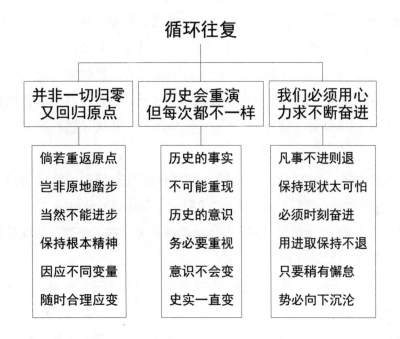

循环往复

并非一切归零 又回归原点	历史会重演 但每次都不一样	我们必须用心 力求不断奋进
倘若重返原点	历史的事实	凡事不进则退
岂非原地踏步	不可能重现	保持现状太可怕
当然不能进步	历史的意识	必须时刻奋进
保持根本精神	务必要重视	用进取保持不退
因应不同变量	意识不会变	只要稍有懈怠
随时合理应变	史实一直变	势必向下沉沦

四、游魂的下卦与本卦相错

再以坎宫为例，本卦为坎卦（䷜），下坎上坎，为习坎。初爻阴变阳，成为节卦（䷺）；初爻阴变阳，二爻阳变阴，即成屯卦（䷂）；倘若加上三爻阴变阳，即为既济卦（䷾）；假定六四再变为九四，那就是革卦（䷰）；这时候九五接着变成六五，便成为丰卦（䷶）。上六不能变，否则会进入离宫，成为离卦（䷝）。所以上六不变，将丰卦（䷶）的九四变回原来的六四，就出现明夷卦（䷣），即为坎宫的游魂卦。把明夷（䷣）的下卦离（☲），和本卦坎（䷜）的下卦坎（☵）相对照，彼此互为错卦，证明下坎的魂仍然在外游荡，尚未回归本卦。到了归魂师卦（䷆），下卦恢复坎象，与本卦坎（䷜）的下卦完全相同，表示魂真的回来了。

震宫本卦为震（䷲），游魂卦为大过（䷛）。震的下卦为震（☳），而大过的下卦为巽（☴），两者互错。归魂卦为随卦（䷐），下卦为震（☳），与本卦的下卦相同，表示魂真的归来了。

离宫游魂为讼（䷅），下卦坎（☵）与本卦的下卦离（☲）相错。归魂卦为同人（䷌），下卦离（☲）也恢复为本卦的下卦离（☲）。

兑宫游魂为小过（䷽），下卦艮（☶）与本卦的下卦兑（☱）互错。归魂为归妹（䷵），下卦兑（☱）恢复本卦下卦的原状。

巽宫游魂为颐卦（䷚），下卦震（☳）与本卦的下卦巽（☴）互错。归魂为蛊卦（䷑），下卦巽（☴）与本卦下卦巽（☴）相同。

艮宫和坤宫也不例外，八宫变化规则完全一样。游魂能否归魂，主要关键在下卦，也就是内卦。内卦和本卦不同，游魂在外；若是相同，那魂就回归了。

游魂卦下卦——互错——本卦下卦

乾	宫	晋 ䷢	乾 ☰
震	宫	大过 ䷛	震 ☳
坎	宫	明夷 ䷣	坎 ☵
艮	宫	中孚 ䷼	艮 ☶
坤	宫	需 ䷄	坤 ☷
巽	宫	颐 ䷚	巽 ☴
离	宫	讼 ䷅	离 ☲
兑	宫	小过 ䷽	兑 ☱

象征内卦
尚未回复

五、游魂是渐变过程的拐点

乾卦（☰）元、亨、利、贞，孔子盛赞道："大哉乾元，万物资始，乃统天。"但为什么经不起变化，以至一变为姤（☴）、二变成遁（☶）、三变为否（☷）、四变成观（☴）、五变就成剥（☶）了呢？原来《易经》六十四卦，在三十二个初六之中，爻辞不利的共有十九个，占总数的百分之五十九。这警示大家：不要小看这个阴柔型的人身处阳刚时位的高度凶险性。一方面，要有自知之明，凡事保持"履霜坚冰至"的警惕，以免不自量力而闯下大祸；另一方面，身为上级领导者，千万不要认为身处初六人微言轻，没什么大不了，抱持"大人不记小人过"的心态，随随便便做滥好人，结果却误了大事！因为六爻之中"初难知，上易知"，"初难知"实际上比"上易知"更具破坏力，不可不谨慎防患，这样才能"知几"，也才能够加强防姤之道。

一卦之内的六爻变化，由初爻逐步向上发展，构成一种量变的过程。这种渐变的趋势，一旦发展到上爻，便会产生质变，由这一宫跑到另外一宫。补救之道，就是上爻不变，采取游魂的方式，使剥（☶）不至于成坤（☷），而是成为晋卦（☲）。期望借着阳光普照而化异合同，获得大有的效果。

由自强不息（乾）始，一阴爻从初位开始生长，必然迅速向上发展，有了阴爻渐盛而阳爻渐衰的姤象。小人渐多而君子渐渐退避（遁），很快就会出现沟通不良、互相猜忌、彼此指责的状态（否）。这时就算能够见微知著（观），也将无能为力地面壁思过（剥）。唯有坚持追求正大光明的目标，贯彻内部改造（晋），才可能上下一心，成就大有景象。

渐变过程的拐点

拐得过来成游魂　拐不过来就质变

乾　宫	晋 ䷢	坤 ䷁
震　宫	大过 ䷛	巽 ䷸
坎　宫	明夷 ䷣	离 ䷝
艮　宫	中孚 ䷼	兑 ䷹
坤　宫	需 ䷄	乾 ䷀
巽　宫	颐 ䷚	震 ䷲
离　宫	讼 ䷅	坎 ䷜
兑　宫	小过 ䷽	艮 ䷳

六、归魂是防止质变的关卡

坤卦（☷☷）初爻变成复卦（☷☳），也就是初六变初九，好像一下子有了"东山再起"的希望。原来《易经》六十四卦，在三十二个初九爻辞之中，获得"吉""无咎""无悔"的，共有二十八个，占总数的百分之八十八。可见一个阳刚型的人，就算处于基层的阳刚时位，仍然具备良好的发展情势，这也是复卦被称为"天地之心"的重要原因。一阳来复，很快九二出现，虽然阳居阴位，却由于居下卦中位，象征真诚、平衡、稳定与和谐，所以能凭借阴柔性质减损过盛的阳刚之气，消灭"不当位"的弊病。既可协助居上的六五，又能与初九齐心协力，当然具备阳爻渐渐逼退阴爻的力道，有逐渐扩大的迹象。

由临（☷☱）而泰（☷☰），应该是必然的趋势。九四的到来，为下卦的乾增添很大的助力。实际上，在《易经》六十四卦中，三十二个九四，有二十一个带有有利的爻辞，占总数的百分之六十六。可见"四多惧"的说法，不过是警语，心存戒慎恐惧，自然更能得利。果然大壮（☳☰）一来，接着便是夬卦（☱☰），形成五阳决一阴的有利情势。然而，阴阳必须共存，所以上六保持原位，转而九四变回六四，成为游魂需卦（☵☰）。把泽（☱）变成水（☵），最佳的方式，便是借着阳光照射将泽中的水变成水蒸气，再下雨变成水，以灌溉万物，满足万物的需求。于是快要变成乾卦的夬卦，经由游魂、归魂，下卦恢复坤（☷）象，很快就从需（☵☰）回到比（☵☷），也就是各取所需而各亲其比，注重自己的意愿选择，保持坤宫的忍辱负重精神，继续保持"弱者道之用"的运作。

九四、六四是防止质变的关卡

九四

阳居阴位不居中

需要保持高度警惕

作为皇帝的近臣

是权力中心的重要人物

又具有相当的才能

与君位较难和睦相处

有高度危险性

需要下属的支持

六四

阴居阴位

当位却不中

近君位

是权力中心的重要人物

柔顺、灵活、和谐

与君位较易和睦相处

危险性降低

要加强与下属的刚柔互济

❀ 我们的建议 ❀

（一）一切的演变，无非由量变而质变。在量变的过程中，其实留有许多挽回的空间，却大多由于警觉性不高、用心不够，也不容易建立共识，以致因循苟且，错失良机。

（二）到了质变的时刻，才慌张失措，不知如何是好。这时候只好借由游魂，先适应，再归魂，设法挽回一局。关键在于游魂怎样变成归魂。大部分游魂，有如低头喃喃自语、不停绕着圈子走的精神病患，很不容易挽回。

（三）此时内心的调适非常重要。把游魂卦的内卦一下子调回来，形成相错的卦象，归魂卦就出现了。唯有如此，才有挽回而不至质变的机会，以保持本宫原有的精神。

（四）当位的爻，必须把握有利的时空条件，采取有效的行动，才能获得当位的效用；不当位的爻，只要提醒自己，唤起自知之明，了解自身能力与不利的时空条件，克制情绪而不妄动，便能知止则止，避免受害。

（五）当位时发挥有利的力量，不当位时不妄动，以减轻不利的影响，化不当位为当位。同时，在爻与爻之间协调好承、乘、据、比的关系，调节相应或不相应的力道，也十分重要。

（六）学习《易经》，必须充分发挥"心易"（用心来变易自己的命运以及周遭环境）的力量。对于游魂卦当然要用心研习，观照游魂如何变成归魂。

"五"为君位，代表组织的最高领导，
由于权力易使人腐化，必须慎防因位高权重而妄行。

然而"五多功"的实际情况，难免使人得意忘形，
这时候"四"是近臣，必须发挥合理劝阻的力量。

原来"四多惧"的用意，即在通过劝阻解除危机，
不容易，却非常重要。非做不可，再难也要尽力。

八宫卦由初至五爻变，都是量的渐变。
但只能变到五为止，否则就成为突变。

突然变成另外一宫的卦，当然是质变。
要防止质变，就要发挥四爻的功能，由上转下。

危惧到魂不附体，成为游魂，要格外小心。
促成归魂，谨守本宫精神，才是四爻的要领。

一、游魂归魂是心易方便法

先以乾宫为例，五变到了剥卦（☷☶），从阴盛阳衰的角度来看，阴长阳消，已经剥得只剩最后一阳。这剩下的一阳硕果仅存，倘若再被剥掉，便转入坤宫，形成质变了。由于"阴中有阳"，剥卦（☷☶）五阴爻象征由柔主导的局面，呈现大艮（☶）的象，有艮止的力量，应保持这仅剩的一阳不再受阴的剥落。所以剥卦卦辞明白指出："不利有攸往。"不能再剥下去了，最好是守正待变。群阴之中，六三与上九相应，不受其他阴爻影响，可以阻止初六、六二的向上逼进。六五无不利，并不急于剥掉上九。只有六四大祸临头，虽然当位也不免于凶，最方便爻变。所以剥卦（☷☶）六四变九四，就成为晋卦（☲☷）。内心尚未回复，而游魂在外，可以说众阴奉阳的初步效果已经显现。

一阴一阳之谓道，剥卦（☷☶）可以看成阴盛阳衰，也可以看成众阴奉阳，果然危机便是转机。游魂晋卦（☲☷）带来柔进的光明，这时有了六五君位的柔性领导，仿佛太阳从东方跃出，缓缓上升，普照大地，象征光明盛大的前景即将到来。于是内卦由阴转阳，表示内心有了改变，回归乾宫原本精神。归魂卦大有（☲☰）之象，如日中天。五大归一小，一阴爻居然拥有五阳，当然是"大有"了。

现代人无奈又无助，经常任由外界环境摆布，只知怨天尤人，不能自省而自求改变。看到游魂和归魂的演化，应该谨记求人不如求己，向外求不如向内寻。唯有用心改变自己，才是人类正确的自救之道。

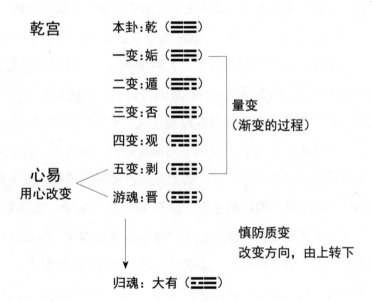

二、以和为贵才是决断之道

其次看坤宫，五变成为夬卦（䷪）。夬、剥两卦相错，前者五阳有除去或维护一阴的可能，后者则是五阴有除去或维护一阳的可能。夬卦上六变上九，那就转入乾宫。夬（䷪）和乾（䷀）只差最上面那一爻，便有可能由果断而演变成刚愎自用的独断，以致亢龙有悔。这时候"五阳决一阴"或"五阳承一阴"，就成为重要的抉择。于是九四的动向备受关注。在五阳团队中，九五是领导，九四阳居阴位，如果显示刚性，迟早引起九五及其他成员的不满。不如克制自己的刚性，由九四变六四，成为游魂需卦（䷄）。

我们待人接物，得饶人处且饶人。与其理直气壮，不如理直气和。夬卦（䷪）五阳在下，阳刚之气壮盛，要排除一个观念、作风不同却又柔弱不堪的人，当然是轻而易举，势如破竹。然而，人多势众，稍微处置不当，必然造成严重的后遗症。这时候最需要的，应该是"健而说（悦），决而和"的决断之道，务使人人乐于接受，才是以和为贵的上策。夬卦（䷪）下乾上兑，乾为健而兑为悦，能果决却必须考虑周全，将心比心。唯有以时间换取空间，谨记需卦（䷄）的宝贵启示，才能获得比卦（䷇）的喜悦。

比卦（䷇）和师卦（䷆）互综，表示满足需要，有可能会引起争斗，但也可以是心甘情愿地分享。这种不一样的结果，早在夬卦（䷪）时，便已经种下善因，存心以和为贵，而且对"师忧比乐"有深刻的体会。所以游魂为需（䷄），归魂才可能是比（䷇），以保持坤宫柔和、谦让、憨厚的美德。

坤宫本卦:坤(☷☷)

　五变:夬(☱☰)

倘若持续向上,即为六变:乾(☰☰)[质变]

因此由上转下:

　游魂:需(☵☰)

需要好好思虑,如何保持坤宫顺、柔、静、弱的精神?

　归魂:比(☵☷)

果然以和为贵,才是果决而非独断的关键,

心甘情愿地分享,显示坤道的厚德载物。

三、坎宫演化重在知险脱险

坎宫的本卦为习坎（☵），上下卦都是坎，象征陷入重重的危机之中，难以脱离。天有不测风云，人有旦夕祸福。然而，祸福无门，唯人自召。坎为水，我们必须从坎水中学习为人处世的道理，培养随机应变的智慧，并且体会自作自受的人生道理。原来一切都是自己造成的，不必怨天尤人。既然坎为水，我们就要从节约用水着手，所以坎宫一变为节卦（☵）。善用水资源，万物才有成长的机会，因此二变成为屯卦（☵）。创业维艰，必须多沟通协调，互相以"万事开头难"来勉励和共商大计，并且善用五行相克的力道，务求透过水火相克来完成水火相济的任务，因此三变即为既济卦（☵）。既济即心愿达成，此后往往松懈下来，为了预防"初吉终乱"，最好审时度势，合理变革，所以四变即为革卦（☵）。同样是利用相生相克的作用，使弱的地方转强而强的地方变弱。现代人喜欢"制衡"，不如适时合理变革来得妥善。五变为丰卦（☵），便是变革合理，成果十分丰盛。这时若是上爻再变，就要离开坎宫而进入离宫了。于是四爻再变回来，成为游魂明夷（☵），这提醒我们：在丰盛时期，应该处盛思危，才合乎坎宫的要求。因为日中则昃、月盈必蚀。丰盛之时，衰落已经悄悄来临。明夷表示光明受到伤害，我们必须韬光养晦，暂时隐藏不露，抱持以退为进的心态，以免掉入归魂师卦（☵）的劳师动众、大打出手继而一发不可收拾的凶险中。此外，我们还要发挥"师者，所以传道、授业、解惑"的循循善诱、教导脱险的妙用。

坎宫

本卦：坎（☵）

错卦：离（☲）

一变	二变	三变	四变	五变
↓	↓	↓	↓	↓
节（䷻）	屯（䷂）	既济（䷾）	革（䷰）	丰（䷶）

倘若持续向上变：离（䷝）［质变］

因此转向，由上转下，

上爻不变，四爻变回原象：游魂

明夷（䷣）

下卦返回原象：归魂

↓

师（䷆）

四、离宫以同人来避免争讼

离宫的本卦为离（☲），一变成旅（䷷），二变为鼎（䷱），三变成未济（䷿），四变成蒙（䷃），五变则为涣（䷺）。一至五变为量变，也就是渐变的过程。倘若再进一步，六爻齐变，那就成为错卦坎（☵）了。由离变坎，称为质变，已经不是量变了。所以到五变为止，便要转向，不能往上，只能往下，目标转向四爻。把四爻由涣（䷺）的六四，转回本卦离（☲）的九四，于是成为游魂讼卦（䷅），表示峰回路转。既然天下没有不散的筵席，有"散"便有"聚"。不论是组织方面还是成员心理方面的涣散，都可以透过离的聚合议题来吸引、互动，以期再度聚合。四爻的化分为合，当然也可能引起争讼，但只要秉持以和为贵的精神，极力避免争执，归魂同人（䷌）便指日可待了。

现在我们终于明白："六六大顺"是一句警语。用警语来祝贺，着实十分高明。"五"为君位，历经"初难知、二多誉、三多凶、四多惧"，好不容易来到"五多功"，按理应该更加珍惜，愈为警惕、敬慎才对，实际上却大多由于得意忘形而毫无顾忌地一意孤行。因此"上易知"的真实意思，就是不幸走到尽头，将由盛而衰、由兴而亡了。因此"六六大顺"的真义，在于好好保持"五"的精神，用心掌握好不容易建立起来的核心队伍。凡事适可而止，力求中道而行，不要再妄自向上发展，以免"亢龙有悔"或"龙战于野"。这时候近臣四爻的责任便十分重大，不要只想到"伴君如伴虎"的危惧，更应该以"履虎尾"的敬慎精神，做好辅助君位的工作，由游魂而归魂。

"六六大顺"是警语
提醒大家适可而止

↓

用来委婉劝告君位：

好不容易担当最高领导者

最好避免亢龙有悔

也不需要龙战于野

用心掌握核心队伍

虚心接受近臣的辅助

必要时采用游魂政策

务求合理地适时归魂

五、随时保持定力合理震动

震宫本卦为震（☳），倘若六爻全变，那就成为错卦巽（☴）。由于牵一发而动全身，六爻中的任何一爻，不论由阴变阳，或是由阳变阴，这一卦就会变成另外一卦了。

初爻由阳变阴，震卦（☳）立即变成豫卦（☳）。二爻由阴转阳，成为归妹（☳）。三爻阴变阳，即为丰卦（☳）。四爻阳转阴，便是复卦（☳）。五爻阴变阳，成为随卦（☳）。上爻阴转阳，那就是噬嗑卦（☳）。这启示我们：在雷声不断的情况下，保持定力，才能处变不惊。这时候更要做好计划，充分准备（豫），对准预定目标，务求有所依归（归妹），才会有良好的效果（丰）。此外，要时常反省，及时恢复正常的思虑和行动（复），并且随着前贤的脚步与经验（随），积极有效地整合（噬嗑）资源，保持震动的力量。

把一爻变的历程和多爻变的结果——也就是震宫的八种变卦——对照比较，会发现初爻变和一变是一样的，其余便不相同了。做好计划，充分准备（豫）之后，就要付诸实际行动，以求减少阻碍、化解险难（解）。这时候要有恒心（恒），才能顺势柔升，培养强大的适应能力（升）。此外，要秉持守恒的精神，改邑不改井（井），在阳刚过盛时（大过），能够适时虚心求教，随从正道，保持合理的活力（随）。可见要怎样变，取决于自己的心。而心便是灵魂的象征，凭良心把握未来的动向，自然合理而有效。

卦的变化，具有极大弹性。自己是不是凭良心，才是关键。保持定力，适时震动，才能安稳不乱。

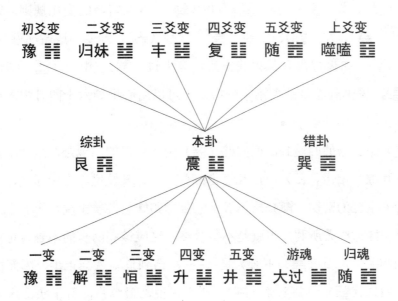

六、最后的归魂卦叫作归妹

巽宫本卦为巽（☴），综卦为兑（☱），错卦为震（☳）。上下卦互换，称为交卦。巽卦下巽上巽，即使上下交换，仍为巽卦。初至上爻，一爻一爻变，分别成为小畜（䷈）、渐（䷴）、涣（䷺）、姤（䷪）、蛊（䷑）、井（䷯）。按八宫卦的变化规则，则依次变为小畜（䷈）、家人（䷤）、益（䷩）、无妄（䷘）、噬嗑（䷔），渐变而成游魂颐卦（䷚），再变为归魂蛊卦（䷑）。如果把内互卦再找出来，有大过（䷛）、中孚（䷼）、睽（䷥）、家人（䷤）、鼎（䷱），可见卦与卦的关系十分密切。可以用心推导六十四卦中的任何一卦，非常灵活而巧妙。

渐卦（䷴）是艮宫的归魂卦，而归妹（䷵）则是兑宫的归魂卦。这两个卦，都是三阴三阳，彼此既互综又相错。艮为山，其性止；兑为泽，其性悦。山泽通气，艮以止之，兑以说之，两者关系至为密切。渐卦居第五十三卦，归妹紧接着出现在第五十四卦，然而渐卦得善终，而归妹却终无所利，也就是不得善终。这应该和两宫的本卦，也就是艮和兑的基本精神密切相关。渐卦（䷴）下卦为艮（☶），遇到危险就会止步，因而情绪稳定，不致乱了阵脚；归妹（䷵）内卦为兑（☱），心中喜悦，最容易冲昏了头，这时候警觉性最低，免疫力最差，最没有抵抗力，再遇上外卦震（☳）的急于爆发、企求达成，当然获得"无攸利"的结果。

八宫以兑宫殿后，归妹成为八个归魂卦的最后一卦，这启示我们：渐很可能陷入归妹，但归妹却很难跳脱出来回头走到渐卦，这真是不幸而且相当无奈！

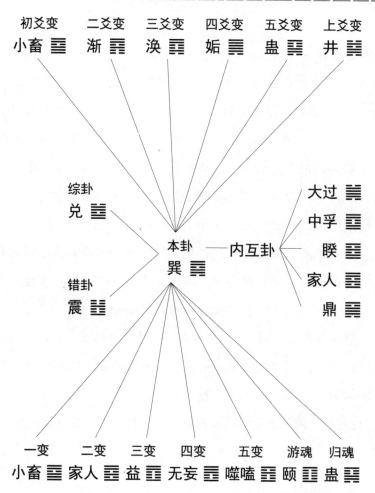

❀ 我们的建议 ❀

（一）先天八卦的顺序，明明是乾一、兑二、离三、震四、巽五、坎六、艮七、坤八，而京房八宫却将兑宫列在最后，而以归妹（䷵）为归魂卦的最后一卦，值得我们深思。

（二）"初难知"的意思，应该是初爻刚开始，变量很多，尚不能定位。最好抱持入境问俗的心态，寻求可敬可靠的导师，给予合理有效的指引，以便能在适应中逐渐获得成长。

（三）接下来循序渐进、谦恭守正、持中求恒，务求站稳脚步，依循"二多誉、三多凶、四多惧"的警示，不疾不徐、见招拆招，随机应变而不投机取巧，加上见微知著而不见异思迁，毅然而退、适时而进，务求立于不败之地。

（四）有机会来到四爻，必须以"履虎尾"的心情，辅助君位适时调整，避免"亢龙有悔"或"龙战于野"。这时候如何游魂、归魂，完全看四爻能否及时自我调整，做出合理有效的应变，以期能力挽狂澜，而又能保住团队的安全。

（五）渐卦（䷴）和归妹（䷵），分别为艮宫和兑宫的归魂卦。渐卦得善终，归妹则终无所利。两相比较，我们自然心中有数——凡事欲速则不达，现代人尤须特别加以重视。

（六）我们先将渐卦（䷴）和归妹（䷵）分别探索一番，看看各有何启示，然后再一并加以检视，应该有助于进一步了解：如何化解归妹的危难而获得渐的玄机。

渐卦启示我们脚踏实地，凡事务实，
欲速则不达，图快反而误事，无法达成目的。

风俗习惯是循序渐进地自然孕育而成，
人与人之间的信任也急不来，急进只有反效果。

现代人常将"快快快"挂在嘴边，一切都要求快，
形成快餐文化，虚度人生，无法带来实质性的成长。

女子婚嫁是人生大事，最好依礼仪逐步进行，
现代形式可变，而实质意义和价值不容轻忽。

三阴三阳，象征男女双方人格平等，
然而如何安排才妥当、安全且持久，值得深究。

现代人既忙碌又紧张，有赖渐道来安顿身心，
千万不要认为时代不同了，便任意加以抛弃或扭曲。

一、少年涉世须知世途艰险

渐卦（䷴）揭示社会进化和事物发展必须顺乎自然、循序渐进的道理。事缓则圆，采取自然孕育的方式，以期水到渠成，总比违反规律、急功冒进安全、有效得多。

渐卦（䷴）卦辞说："渐，女归吉，利贞。""渐"是卦名，这里以女子出嫁为例，来说明渐变的道理。"归"便是女子出嫁。从认识、交往到婚配，若是有一个渐进的过程，通常都会比较妥当而吉顺。无论如何，保持贞正的操守，对男女双方都有利。有渐变就有突变，现代人求新求变，又喜欢加快速度，常有一见钟情而后闪婚的，实在应该用心细读渐卦的启示。

初六爻辞："鸿渐于干，小子厉，有言，无咎。"小象说："小子之厉，义无咎也。""鸿"即鸿雁，飞行时排列有序，而且寒来暑往，与四季的渐进密切配合。渐卦（䷴）六爻，都以鸿雁的飞行作为比喻，十分有趣。初六不当位，与六四也不相应。"鸿雁"是水鸟，"干"指湖边的旱地，鸿雁常常聚集于此。初六位卑未安，有如童孩小子，在湖边嬉戏，未免危厉。在这里引申为鸿雁飞到岸边，遭到一些年少无知的孩子戏弄、追赶，很可能发生危厉。幸好鸿雁十分可爱，很招人喜欢，因此有人提出劝告，不要干扰鸿雁，所以无咎。初六爻变为家人卦（䷤），象征鸿雁与人产生一家人的感觉，使得初六的危厉，在合情合理的情况下，获得化解而无咎。也可以引申为初出茅庐的年轻人，常为旧人所嫉妒、毁谤，难免危厉。虽然与六四不相应——表示乏人照顾，但只要立身以正，不犯理背义，逐渐融入社会人群，自然也就无咎了。

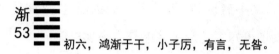

渐
53

初六，鸿渐于干，小子厉，有言，无咎。

"鸿"是鸿雁，群栖于水边，是一种水鸟。随着季节变化，冬季向南，夏季北往，所以称为候鸟。初六不当位，与六四也不相应。"干"指水边的旱地，正好是下卦艮山的底下。鸿雁成群结队，飞到山脚岸边，遭到一些年少无知的孩子们的追赶、戏弄，很可能发生危厉。幸好鸿雁十分招人喜欢，因此有人提出不要干扰它们的警告，所以没有祸害。倘若无人阻止，鸿雁受不了孩童的干扰，不得不继续前进，那就会乱了行程、伤了体能，必然有祸害。

凡事一开始，就要依循渐进的原则进行。

二、地位稍为稳固必须尽责

渐卦（䷴）彖辞说："渐之进也，女归吉也。进得位，往有功也；进以正，可以正邦也，其位，刚得中也；止而巽，动不穷也。""渐"的意思为渐进，"渐之进也"即为渐进。卦辞所说的"女归吉"，是用女子出嫁循礼渐进才能获吉来加以印证。"进得位"指渐卦自二至五爻，都是阴居偶位、阳居奇位，各得其正位。象征按部就班、循序渐进，所以往而皆有功。一切遵循正道而行，可以安邦定国。"其位"特指九五阳居奇位，又为上巽中爻，所以刚正居中。渐卦（䷴）下艮上巽，艮为止而巽为入，表示行动不但深入，而且还能够适可而止，才得以动而不至于穷困，"吉，利贞"由此而来。

六二爻辞："鸿渐于磐，饮食衎衎，吉。"小象说："饮食衎衎，不素饱也。"鸿雁从初六的水边，渐进到岸边的磐石上面。下卦为艮，《说卦传》指出"（艮）为黔喙之属"，"黔"为黑，"喙"即鸟嘴，指黑嘴的鸟在这里栖息。六二当位，又与九五相应，表示可以脱离小子的干扰，获得安乐了。"衎衎"的意思是和乐。饮食和乐，象征食物丰足，不需要竞争，可以放心地呼群共食，和乐吉祥。"不素饱"即不纯然为了求饱，而且还能够安然渐进。六二爻变为巽卦（䷸），表示无位无援的初六小子，已经脱离危厉之境，获得稳如磐石的禄位。"不素饱"也可以解释为不白吃公粮，也就是不会无功受禄，所以乐于工作，也愿意上承九五，提供合理的支持。由刚入社会，有很多不适应的地方，到逐渐了解、适应，融入其中，自然"饮食衎衎"，能与大家和乐相处，自己也得以心安了。

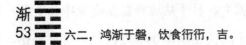

渐
53 六二，鸿渐于磐，饮食衎衎，吉。

"磐"指岸上的大石，称为"磐石"。"衎衎"是和乐的气氛。"不素饱"即不完全为了求饱，还要求能够安全渐进。六二当位，居下卦中爻，深知本分所在，也能持中守正，又与九五相应，当然吉祥。六二爻变为九二，便成为巽卦，象征无位无援的初六，已经脱离危厉之境。六二、九三、六四有坎象，所幸六二处在坎的初期，坎水象征酒食，因此仍然和乐。

脚步站稳之后，更要持中守正，才能吉祥。

三、离叛群类势将一去不返

渐卦（☶☴）大象指出："山上有木，渐；君子以居贤德善俗。"渐卦下艮上巽，《说卦传》告诉我们：艮为山，巽为木。下卦象山，上卦象木，所以说"山上有木"。山势由低逐渐升高，山上的树木，也是由小逐渐长大。君子从这种自然现象中体会到，贤良品德和善良风俗都是逐渐孕育而成的。因此君子的责任，即在增进自己的贤良善德，躬亲实践，发挥良好的示范作用，使大众乐于仿效，形成良好风气。山上有木，必待逐渐茂盛；社会进化，也应该逐渐演变。

九三爻辞："鸿渐于陆，夫征不复，妇孕不育，凶。利御寇。"小象说："夫征不复，离群丑也；妇孕不育，失其道也；利用御寇，顺相保也。"由岸边的磐石再进一步，到了陆地。"夫"指阳，便是九三。"征"为行，即外出。陆地离水边较远，理应适可而止。初六、六二为柔爻，较能渐进而合乎艮的要求。但是九三以刚居阳，又居六四阴柔之下，因此难以静止，反而急求上进而偏离渐道。好比丈夫外出，不再返回，或者妇人不怀孕、不生育。夫不成夫、妇不成妇，当然凶险。这种违背渐道的表现，只有在抵御寇盗时才有，倘若用同样的精神来克制自己的私心和偏见，也就有利而无害了。鸿雁重视群体行动，初六、六二都不急进，只有九三脱离雁群而急进，又一去不复返，是一种离叛群类的不好行为。好比妇人孕而不育，同样不合渐道。九三、六四当位亲比，最好相互保护，各自克制。九三爻变为观卦（☴☷），象征不但要做给自己看，也应该做给别人看。

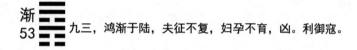

渐 53 九三，鸿渐于陆，夫征不复，妇孕不育，凶。利御寇。

由岸边的磐石再进一步，便是陆地。九三当位，居下艮究位，象征陆地离水边较远，鸿雁应该适可而止。"夫"为阳，在这里指的是九三。"征"为外出，"不复"是不再返回。妇既不能怀孕，也不能生育。这种夫不成夫、妇不成妇的异常现象，都是九三阳居阳位，过分躁进所造成的恶果。初六、六二都不急进，九三居艮的主爻，反而不知止而急进，当然凶险。这种违背渐道的刚直躁进作风，只有在抵御外寇时有利，平日理应自我克制，才能趋吉避凶。

偏离渐道、刚直躁进的人，很可能一去不复返。

四、进程中抱持卑巽较稳妥

比较渐卦（䷴）和否卦（䷋），很容易发现：否卦三阳在上、三阴在下，由于阳气上升而阴气下降，上下不相交，以致否塞不通；渐卦下卦三阴，已经有一阴爻上交，而上卦三阳，也有一阳爻下交。上下逐渐能够相交相融，象征渐是用来消否的。借着刚柔相交，逐渐化凶为吉。

将渐卦（䷴）和涣卦（䷺）相较，便知涣卦下坎的九二进而居于三爻，即成渐卦。将渐卦（䷴）和旅卦（䷷）相较，可发现旅卦上离的九四进而居于五位，便成渐卦。这就是"进得位，往有功"。无论由涣而来或由旅而来，都应该逐渐地进，才会有良好效果。

六四爻辞："鸿渐于木，或得其桷，无咎。"小象说："或得其桷，顺以巽也。"鸿雁来到陆地，由于六四已经脱离下艮而进入上巽，巽为木，因此是飞到小山的树林上。"桷"指平展的树枝。其他鸟禽，可以依靠脚爪抓握树枝，安稳地栖息在树上。但鸿雁和鸭子一样，仅有足掌而无爪，不能抓握树枝。因此，倘若不是平展的枝干，鸿雁是无法在其上站稳的。幸好六四当位，尚能找到平展可栖之处，所以无咎。"或"有"或者有机会找到平展树枝"以及"或者找不到平展树枝，那就危险了"的双面意思。好在六四居巽的下位，虽然以阴柔乘九三刚健之上，但是能够保持卑巽的态度善待九三，使得九三也不致为难六四，因而得以平安无事。六四爻变为遁卦（䷠），表示倘若不能卑巽，那就要准备逃走了。六四能否无咎，要看能不能"得其桷"。所以不言"吉"，只说是可能"无咎"。九三、六四、九五中互为离卦（☲），看来平安的概率相当大。

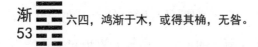

渐
53 六四，鸿渐于木，或得其桷，无咎。

"木"指树木，六四脱离下艮进入上巽，也即鸿雁飞到小山的树枝上。"桷"是平展的树枝，鸿雁有足掌而无爪，只有在这里才站得稳。由于鸿雁成群，而平展的树枝比较难寻，象征六四当位，却夹在九五和九三这两阳爻之间，必须在六四承九五和六四乘九三之间，寻找合理的平衡点，才可能无咎。倘若六四在这种情境下，还浑然不觉自己正处于六二、九三、六四的坎水顶端而应该更谨慎小心为是，就不免会招致凶祸了。

进程中变数很多，要时时警惕，保持温顺平和的态度。

五、诚心求贤终必如愿以偿

《序卦传》说："物不可以终止，故受之以渐；渐者进也。"渐卦（䷴）的前一卦为艮卦（䷳），含有适时抑止的功能。然而事物不应该永远被抑止，必须提供发展的空间，所以接下来便是渐卦。我们从两卦的爻象来看，把艮卦（䷳）的六五变成九五，立即就成为渐卦（䷴）。可见由抑止到发展，最好采取渐变的方式，由渐变累积起来再产生突变，比较安全、顺利、方便，合乎自然规律，也合乎伦理要求。

《杂卦传》说："渐，女归待男行也。"以女子出嫁，应该等待男子礼备而后行，来比喻渐进的义理。急事尚需缓办，何况是喜事、大事、好事？所以兴奋之余，仍需保持理智啊！

九五爻辞："鸿渐于陵，妇三岁不孕，终莫之胜，吉。"小象说："终莫之胜，吉，得所愿也。""陵"指高地，鸿雁一路由水边飞过来，已经到了最高的境地，引申为"飞龙在天"，登上君位，已无可再升了。此时必须寻求贤士辅佐，以求增进政治效益，如此才能使明君贤臣相得益彰。但是这种遇合至为难得，好比恩爱夫妻聚少离多，以致三年都没有怀孕。九五当位，与六二相应。这一对明君贤臣，当中隔着九三、六四、九五三爻，所以用"三岁"来表示时间的长久。二五都当位，各得其正，象征心心相印、默契良好。即使再怎样拉开距离，也有如夫妇般恩爱，绝无离异之心，因而说"终莫之胜"，最终能够达成愿望，吉顺。九五爻变为艮卦（䷳），象征上下齐心协力，邪恶的阻力必将被遏止。也就是明君求贤臣，终必如愿以偿。"顺以巽"的功力，果然宏大。

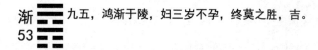

渐
53
九五，鸿渐于陵，妇三岁不孕，终莫之胜，吉。

"陵"指高地，象征九五贵位。鸿雁一路由水边飞过来，已经抵达九五高地，引申为"飞龙在天"，登上贵位，无可再升了。九五当位居中，又与六二相应，实在是循序渐进的理想情况。但是九五与六二这一对明君贤臣，当中隔着九三、六四、九五这三爻，所以用"三岁"来表示时间的长久。有如夫妇阔别三年，不能成孕。但由于九五、六二均持中守正，能够克服险阻凶祸，最终达成应合的愿望，因而吉顺。

诚心求贤士辅助，终能完成大业。

六、威仪可瞻有赖行止不乱

渐卦（☶☴）下艮为少男，上巽为长女，卦辞说"女归吉"，看似在谈论婚嫁，实际上是用女子出嫁作比，以说明"渐"的用意——必须一步一步循序发展，与婚姻无关。大象说"山上有木"，但是卦爻辞中，只有六四爻辞与木稍有牵涉，其余都和山、木无关。因为渐卦的本意，是以水的由浅而深、水面的由近及远来说明"行之以渐"的道理。渐卦六爻，都以鸿雁为主体，表示渐进是连贯的。初六在岸边上，六二登上岸边磐石，九三进入陆地，六四飞上树枝，九五飞到山岗，上九回到陆地，所有的行动，都是用来形容鸿雁逐渐改变的过程。即使过程变来变去，但鸿雁作为主体，是不能变的。

上九爻辞："鸿渐于陆，其羽可用为仪，吉。"小象说："其羽可用为仪，吉，不可乱也。"鸿雁由岸边到磐石，又飞上陆地，再到山上的树林，继而飞到山岗。而九五已经是最高的陵，再往前走，应该是向下了。九三为陆，上九也是陆，符合渐卦谦卑、知止的道理。"羽"指羽毛，"仪"为风范。鸿雁的羽毛，可以用来作为礼仪的装饰，正如同高明贤士的美德，能够拿来当作大众的典范。上九处渐卦终位，并不当位，象征志不在上而在下，引申为明哲贤士深知功成身退的艺术。因为"天道忌满，人道忌全"，这种美德值得后人学习，所以说"其羽可用为仪"。"不可乱也"，指不可以禄利来惑乱这种知足知止的心志，才能吉祥。上九爻变为蹇卦（☶☵），表示倘若不能知足知止，就会渐行渐远，终至寸步难行而招致凶祸，那就不吉反而有凶了！

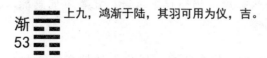

渐
53

上九，鸿渐于陆，其羽可用为仪，吉。

九三是陆，上九也是陆，象征鸿雁由岸边到磐石，又飞上陆地，再到山上的树林，继而登上九五最高的陵，接下来应该往下走，才符合"六六大顺"的规律，这表现了渐道的谦卑、知止。"羽"即羽毛，"仪"为风范。鸿雁的羽毛，可以用来作为礼仪的装饰，正如高明贤士功成身退的德行，同样堪称大众学习的典范。因为"天道忌满，人道忌全"，上九爻变成蹇卦，象征若是不能知足知止，便会渐行渐远，非但不吉顺，反而有招致凶祸的可能。

知足能止的德行，才是大众学习的典范。

❀ 我们的建议 ❀

（一）"登高必自卑，行远必自迩"，渐卦（☶☴）借用"山上有木"的自然景象，推衍出循序渐进的人生智慧。人生固然苦短，仍须稳中求进，凡事不宜急躁求进，以免造成泡沫化的悲剧。

（二）夫妇之道，必须由渐进而后彼此适应。现代人的婚恋观念相对开放自由，但或结或离，亦不能轻率为之，须得依"渐"卦的智慧来谨慎行事。

（三）男女之间，最好由咸卦（☱☶）开始，而后为家人（☴☲）。这种循序渐进的风气，不可轻忽。

（四）做事应该按照合理的程序，一步一步完成，态度方面则需要巽、艮并重。"巽"为巽顺、谦卑，不骄傲待人；"艮"则是知止，不能任意超越。可见我们为人处世，都离不开渐道。

（五）把渐卦（☶☴）的上下卦交换，就成为蛊卦（☴☶）。这两卦互为交卦，都以少男和长女取象。长女诱惑少男为"蛊"，为什么呢？因为一旦成为风气，对男女交往、婚配、家庭伦理等方面，都将造成危机，必须防微杜渐。

（六）渐卦（☶☴）有"渐行渐近"或"渐行渐远"的可能，这才合乎"一阴一阳之谓道"。渐卦和晋卦（☲☷）、升卦（☷☴），都有其相近之处，也各有不同的地方。倘若能够用心加以玩味，应该可以悟出更多的道理。玩赏《易经》，不但不会玩物丧志，而且能够增进智慧，十分有益。

渐卦巽为女子在上，艮为男子居下，
男子求女子，象征男娶女嫁的美满。

归妹兑为少女在下，震为长男居上，
有女求男之象。

三阴三阳，三阴爻占据了主要的位置，
上六与六五居九四之上，六三也居九二、初九之上。

对于进入婚姻关系的对象及方式，
现代人应该深切地加以思虑。

与品德高尚的对象结婚，
才是经得起时间考验的爱情结合情况。

爱我也是我所爱，这当然是上上之选，
虚情假意是不会得到好结果的。

一、严守长幼有序化危为安

归妹卦（䷵）和渐卦（䷴）既相综又相错，可见这两卦的关系至为密切。"归"是嫁的意思，"妹"便是少女。卦名直接称为"归妹"，用意即在"妹随姐嫁"。为什么要这样呢？因为古代帝王必须纳娶众多妃嫔，目的在多子多孙，永保皇位代代相传。但是革卦（䷰）提示我们："二女同居，其志不相得。"何况妃嫔之间明争暗斗根本不可避免。因此姐妹同嫁君王，出于姐妹乃是骨肉至亲应该能减少彼此残害的情形。由此也引申出兄弟、姐妹共同追随一位领导者，彼此之间应当如何相处的道理。

归妹卦（䷵）卦辞："归妹，征凶，无攸利。"姐妹共事一夫，有如兄弟共同追随同一位领导者，倘若彼此争宠互斗，必招凶祸，所以无所利。"征"为前行，有凶而无利。初九爻辞："归妹以娣，跛能履，征吉。"小象说："归妹以娣，以恒也；跛能履，吉相承也。""娣"是古代随姐出嫁的妹，相当于妾，与姐为正妻相较，自然卑下。初九当位，居于下泽的低位，有"娣"的象。"跛"是不良于行，比喻妾之伴妻，有如跛者步履倾斜，所以说"跛能履"。倘若稳步向前，不擅自妄作主张，仍能吉顺。妹随姐嫁，或者弟伴兄投入同一机构，属于以幼从长的关系。由于长幼有序，所以依次而行，虽然有些跛足，但仍能步履安然。初九爻变为解卦（䷧），表示适时缓和负面情绪，重视长幼伦理，自然可以解除彼此的紧张关系。兄弟、姐妹长幼有序，依序承接，虽跛也能履，即使真有危厉，也终能化危为安，这是归妹之道的首要准则。

归妹
54

初九，归妹以娣，跛能履，征吉。

初九当位，记取"潜龙勿用"的教训，明明双足健全能行，却唯恐阳刚冲昏了头，因此想象自己不良于行。以古时随姐出嫁的妹妹作为比喻来说明，即使身份不如正室，好比步履倾斜的跛子般，也要尽力而为，不能自暴自弃，以免让人看不起，徒然耽误了自己的前程。初九位于下兑的底部，所以用"足"来形容。与上震的九四不相交，因此说"跛能履"，即必须勉力向前行，才能吉顺。初九爻变为解卦，表示适时缓和负面情绪，重视伦常，依序承接，虽跛也能履，即使有危厉，也能化危为安。

归妹之道的首要准则在谨守伦常。

二、彼此体谅才能守常有利

归妹卦（䷵）象辞说："归妹，天地之大义也。天地不交，而万物不兴；归妹，人之终始也。说以动，所归妹也。征凶，位不当也；无攸利，柔乘刚也。"女子出嫁，是天经地义的事情。男女婚配，和天地二气相交同等重要。倘若天地二气不相交，就无法生成万物，所以说"天地不交，而万物不兴"。"终"是人生的结局，"始"是人生的开始。人类能够生生不息，全赖男女婚配。下兑上震，象征喜悦地随行。妹随姐出嫁，或是弟随兄任职，都应该齐心协力，才能因随行而感喜悦。倘若彼此争宠斗狠，那就"征凶"而无所利。"征"即进而争斗，"位不当"指妹或弟的地位与姐或兄并列。归妹卦（䷵）六三乘初九与九二、六五乘九四，都是柔乘刚。二、三、四、五爻都失位，所以说"位不当"也。以妹欺姐、以弟斗兄，为人所共恶，当然不利。

九二爻辞："眇能视，利幽人之贞。"小象说："利幽人之贞，未变常也。""眇"指瞎了一只眼，"眇能视"的意思是勉强看得见。九二与初九都是"娣"，初九爻辞已经有"归妹以娣"字句，这里省略不重复。初九得位，与九四不相应，所以说"跛能履"；九二失位，但与六五相应，因此说"眇能视"：都是偏而不正，用以形容妾的身份。初九以能顺承姐意为吉。九二强调嫁后的态度以幽静恬淡自居，守持贞正才有利。"未变常也"，是指九二具有刚中的气质，虽不当位，应该也不致失常，所以能够"利幽人之贞"。九二爻变为震卦（䷲），表示倘若不能谨守幽静的贞德，那就可能引发大震动，造成凶祸了！

归妹
54

九二，眇能视，利幽人之贞。

九二、六三、九四互卦为离，是"目"的象征。九二居下兑
中位，"兑"为缺，所以九二目有不良症状，称为"眇能视"，
即勉强还看得见，顶多是视力模糊，看不清楚而已。"幽人"
表示幽静恬淡的修养，以柔为正。九二既不当位，有如"眇
能视"，当然不能因为与六五相应而妄自表现，所以应表现
得幽静恬淡，才能以刚就柔、和谐相处。九二爻变成震卦，
象征不能幽静恬淡，便会急躁妄动，实属自找麻烦了！

谨守自己的分寸，以静、柔为上策，才能与人和谐
相处。

三、既然答应在先就应守分

归妹卦（☳☱）大象说："泽上有雷，归妹；君子以永终知敝。"下兑为泽，上震即雷。潭可以储水，倘若久旱不雨，泽无水便困了。雷每能催雨，我们常说"雷雨大作"，便是雷催雨降，于是潭水就充足了。妹随姐出嫁，意味着姐的动带来妹的希望，十分符合"泽上有雷"的象征。君子从这种自然景象中体会到，只有永远保持男婚女嫁的制度，才能承前代的终而接后代的始，并且明白附带而来的弊病，谨慎予以化解。《说卦传》指出：兑为口舌，为妾，为毁折。所以归妹卦卦辞直接道出："征凶，无攸利。"无论行止，都应该特别小心谨慎。

六三爻辞："归妹以须，反归以娣。"小象说："归妹以须，未当也。"六三居下兑究位，失正乘刚，象征有取代姐姐地位的歹念。以阴居阳，表示有改变妾的身份而成为正妻的想法。"须"的意思是等待。等待什么？等待上六的支持。但是六三与上六不相应，表示六三阴柔无才德，只知以美色讨丈夫的喜欢，且不守本分，怎么还能够有这样的邪念呢？原本是"娣"，仅能反归现有的位置。因为六三爻变为大壮卦（☳☰），象征人道既正，天道也大，并不容许有像六三这样的不能自止的行为。"未当也"，意思是六三不当位，不安于本分。以妾犯妻，实在不妥当。姐妹共事一夫，妹有意与姐争夺正位；兄弟共事一主，弟存心取代兄的位置：都是"未当也"。家庭伦理观念丧失，怎能使人安心信任？对自家兄弟、姐妹尚且如此，一旦动起歹念，上司、丈夫怎么承受得了？爻辞不言"凶"，自己应该心中有数。

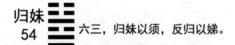

归妹
54　　六三，归妹以须，反归以娣。

"须"的意思是等待。六三不当位，与上六不相应，象征阴柔无才德，只知以美色讨人喜欢，根本就不守本分。倘若对自己的位置不满意，想要加以改变，必须等待上六大佬的支持。但是六三爻变为大壮卦，象征人道既正，天道也大，不容许有像六三这样的不能自止的行为。就算等到上六爻变为睽卦，也是其志不能同行。看来六三的自处之道，还是以安分守己为要。

如有承诺，必须坚守信用，不可反悔。

四、要不要追随应思虑周详

《序卦传》说："渐者进也，进必有所归，故受之以归妹。"归妹卦（☳）的前一卦为渐卦（☶），"渐"的主旨在稳健渐进，能渐进自然会有归宿，所以接续而来的便是归妹卦（☳）。

妹要不要随姐嫁，要依时代的背景而制宜。既然出于自愿，那就应该遵循归妹之道。初九和九二，象征妹随姐嫁的先后：初九指顺承姐意随嫁为吉，九二即嫁后必须谨守幽静美德。六三不安于本分，有妹犯姐的意图，显然有违归妹之道。四的告诫，五的观念，以及上的到头一场空，又会带给我们哪些启示呢？

九四爻辞："归妹愆期，迟归有时。"小象说："愆期之志，有待而行也。"六五是归妹卦主，九四居六五之下，为六五之妹，也就是随姐（六五）出嫁的妹。九四不当位，又与初九不相应，显然没有随姐出嫁的意愿，因此"愆期"，亦即到了婚期却不肯随行。"迟归"便是晚嫁，意在等待良时。六五柔弱，妹恐随嫁之后，自己的刚强个性难以与其配合，不如提出待时而嫁的要求，表示不随姐出嫁，以免增加姐的累赘。九四处于上震初位，为上卦主爻，是否归妹，这时候必须有所决定。九四爻变为临卦（☷），表示已事到临头，应该及时表态，避免"至于八月有凶"，即嫁过去之后再生波折。可见要不要随姐出嫁，将来后果如何，都应该预先思虑。实际上，是在明白卦辞提示的"征凶，无攸利"后，要做出明确的决定。归妹人选必须谨慎，有意见应该提前表示才好。

归妹
54 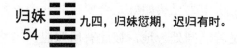 九四，归妹愆期，迟归有时。

"愆"是延，"愆期"意即过期。六三、九四、六五互坎为月，错离为日，日月象征期间。"迟归"就是晚嫁。由于九四与初九不相应，象征不轻易嫁人，必待佳偶而后嫁，因而迟归。"有时"即等待时日。既然已经迟了，再等等又何妨？九四爻变为临卦，表示已事到临头，最好自己拿定主意，不要轻率决定方为上策。

**未遇到你合适的对象，再等等也无妨，
不可轻率决定，以免后悔。**

五、品德重于才气谦能受益

《杂卦传》说"归妹，女之终也"，"终"指最后的归宿，和"未济，男之穷也"相对。"穷"即事不能成或尚未成都是男人的困穷。女子到了适婚年龄，自然以出嫁为宜。但是归妹的情况颇为特殊，是妹随姐而嫁，引申为兄弟姐妹是否要在同一个场所工作。对一般人来说，各自发展并非那么容易，手足若能同处一地，彼此有所照应，当然会有好处。然而，凡事有利就有弊，必须事先以"征凶，无攸利"为戒，大家集思广益，好好商量。一旦下定决心，就应该共同遵守归妹之道，把长幼有序的规矩以及慎选对象的法则切记心头。宁可迟些时日，也要有所等待而后行，才能"知敝永终"。

六五爻辞："帝乙归妹，其君之袂，不如其娣之袂良；月几望，吉。"小象说："帝乙归妹，不如其娣之袂良也；其位在中，以贵行也。"古代天子诸侯，都是以嫡长子为接班人，所以娶媳妇时，当然也要选嫡长女。"帝乙"是天子，六五指帝乙的嫡长女，九四为随嫁的妹。六五是归妹卦主，"其君"即为六五。"袂"是衣袖，所谓"其君之袂，不如其娣之袂良"，是说嫡长女的才气比不上其妹九四。九四"愆期有待"，原因即在于此。但九四的期待，有如将近十五的月，快圆满而尚未圆满，因此说"月几望"。"几"为将近，"望"是满月。六五不当位，却与九二相应，具有居中得位的贵气，也就是德行优良，所以宁可选六五为元妃，也不能使九四满足其愿望，如此方为吉顺。六五爻变为兑卦（☱），表示品德重于能力，可使人心悦诚服。因为谦能受益，而有才气的人，却经常会因为骄傲自大而误事。

归妹 54 六五,帝乙归妹,其君之袂,不如其娣之袂良;月几望,吉。

帝乙是殷商的帝王,也是纣王的父亲。帝乙将妹六五嫁给当时只是诸侯九二的周文王。六五是归妹卦主,"其君"指的就是六五。"袂"是衣袖,所谓"其君之袂,不如其娣之袂良",是说嫡长女的才气比不上其"娣",也就是其妹九四。九四"愆期",原因即在于此。然而九四的期待,有如将近十五的月,快圆满却尚未圆满,所以说"月几望"。六五与九二相应,象征六五的谦逊与九二的德行相配,当然吉顺。六五爻变为兑卦,表示品德重于能力,可使人心悦诚服。

选择适当的对象,品德重于能力。

六、虚情假意不会有好结果

咸卦（☲☲）艮下兑上，艮为少男而兑即少女，此卦视少男追求少女为男女相悦，合乎日久生情之道。恒卦（☳☴）巽下震上，震系长男而巽为长女，此卦点明婚前婚后应该互相配合转变心态，以求白首偕老的恒道。归妹卦（☳☱）下兑为少女，上震是长男，老夫配少妻，并非婚姻的正道，因此有人解释为兄长主婚，即以帝乙为兄，来主持妹的婚礼。实际上按古礼，王侯遇妻去世，并不再娶，而是以妾补正。所以春秋时代诸侯嫁女，常以妹随嫁，用意在借重姐妹的亲情，减少后宫的争斗。文王用妾的自处之道比喻兄弟姐妹的言行进退，即在"凶，无攸利"的大前提下，警示人们如何化解归妹的弊端。

上六爻辞："女承筐无实，士刲羊无血，无攸利。"小象说："上六无实，承虚筐也。"归妹的正道，以承顺为吉。上六居于六五姐位之上，象征妾妹争宠，把正姐当作空筐而无所承顺。这种有名无实的归妹，好比男士刲宰羊只，宰的是见不到血的死羊。抱持不诚实的心态，供奉缺乏诚意的祭品，就算形式上有归妹的表示，也是虚情假意，终究不会有好结果。上六为终位，与六三不相应，象征归妹终于无成。上六阴爻，中空无实，显然所奉持的，不过是一个空无所盛的虚筐，毫无诚意。上六爻变为睽卦（☲☱），象征姐妹"二女同居，其志不同行"。遇小事，尚能勉强凑合而吉；遭遇大事，那就不吉了！归妹卦（☳☱）上震形如虚筐，果然到头来一场空。像这样的归妹，还不如一开始就不必勉强，因为卦辞已经明示："凶，无攸利。"何苦呢！

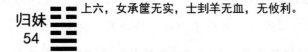

归妹
54

上六，女承筐无实，士刲羊无血，无攸利。

上六处上震的顶端，震的形状有如仰盂，上面是空的。归妹
卦发展到上六，可以说空无所有，因此"无攸利"，不得善
终。上六当位，却与六三不相应，而且和六五一并乘在九四
阳刚之上。九四一动，上六便和六五一起摇摇晃晃。这种虚
而不实的情状，好比男子杀了一头见不到血的死羊，女子提
着一只空无一物的竹篮，徒有形式却毫无实质，当然无所利。
上六爻变为睽卦，象征上六与六五志不相同，而上六又是震
动的末端，力道就更为虚弱了。

虚情假意不如实事求是来得妥当。

我们的建议

（一）妹随姐嫁，通常并不多见。尧帝为了考验大家所推举的接班人，也就是以孝闻名的舜，于是把自己的女儿娥皇、女英嫁给他，应该是十分具有代表性的案例。尧帝的这种做法，完全是在测试舜的齐家能力，为公不为私，符合天地的大义。

（二）归妹固然是嫁妹，但是所有言行进退，都可依此类推。不奉正命、不合人情、不遵天道而勉强行之，应该都属于"征"的范围，所以"凶"而"无攸利"，最好尽量避免。

（三）自古以来，父子兵精诚团结的案例很多，而兄弟阋墙的惨剧则令人伤悲。按理兄弟之情如同手足，兄友弟恭也是常有的，但是兄长的威严和慈爱，毕竟不及父亲，所以归妹之道，对每一代人来说，都十分重要。

（四）归妹卦（䷵）下兑上震，表示刚能顺柔。天下万事万物，大多柔能克刚。但其结局，却是阴以阳为归宿，才能实而不虚，以免成为上六的无实。女子出嫁应严守正道，以柔顺为本，发挥内助的功能。倘若反其道而行，必凶。

（五）夫妇在日常生活中，难免会因为意见不同而生气、争执。最好体会归妹之道，明白姐妹之间尚需互相体贴，妹承顺姐，何况夫妇需要齐心协力、齐家立业，彼此之间更应该互信互谅、互相了解，才有可能长保和睦。

（六）兄弟要不要变成同人，或是分道扬镳、各奔前程，最好听听父亲的高见。因为知子莫若父，他必能提供合适的建议。兄弟能够齐心协力当然很好，但若不然，也不必勉强才是。

渐为男娶女，归妹为女嫁男，
女子出嫁是人生大事，必须待男娶而后行。

男女交往，以渐进为宜，不可乱其次序，
女子品德高尚，才能融入夫家，促成美满姻缘。

渐之前为艮，象征男子到适婚年龄，便不可不渐；
归妹之后为丰，表示娶良妻有助于家运的兴盛。

渐卦卦辞说"女归吉，利贞"，重点在女方要缓；
归妹卦辞说"征凶，无攸利"，警示女方自重，不要过急。

渐是艮宫的归魂卦，而归妹为兑宫的归魂卦，
渐止渐行，真诚喜悦是考验重点，切勿自欺欺人。

不要看到归魂卦就心生恐惧，
其实结局有吉有凶，完全由双方互动决定。

一、人生的目的在求得好死

全世界各民族的哲学观，或多或少都会触及"人生的目的"这种课题，答案则是千奇百怪，各种说法都有。但是，对中华民族而言，"求得好死"应该是终极的目标。"求得好死"并非不生病而死，也不一定要死在自己的家里，最关键之处在于"死得其时"而又"死得其所"。只要心安理得、毫无愧怍，便是好死，我们称为"善终"，它和"慎始"连在一起，即为"慎始善终"。

其实"慎始"是慎始，而"善终"又是另外一回事。"慎始"未必"善终"。不能"慎始"，但及时知返，有时也得以"善终"。这种变化，十分符合"一阴一阳之谓道"的精神。既然不一定，就应该看着办。中华民族的应变力和灵活性，在这里已然充分体现。

倘若六十四卦代表人生的六十四种类型，各自由"初难知"，历经"二多誉""三多凶""四多惧""五多功"，来到"上易知"。初爻象征"始"，二、三、四、五爻为"历程"，上爻便是"终"。乾卦（䷀）上九"亢龙有悔"，坤卦（䷁）上六"龙战于野"，都在警示我们：不论上九或上六，过于积极进取或过分谨慎稳健，都不一定能够求得善终。但是，上九的三十二个爻辞中，含有"无咎"或"有利"的，占百分之六十三；上六的三十二个爻辞中，含有"不利"的，却高达百分之七十四。可见同样居于全卦顶端，物极必反，上九阳居阴位，不当位又不中，却由于具有阴阳协调的作用，远比上六当位，所以具有更大的善终可能性。面临最终的转变，上六的阴柔谨慎，不如上九的阳刚节制来得有利。"不过刚"比起"过柔"，在这里显现出更多有利的基础，值得我们深思。

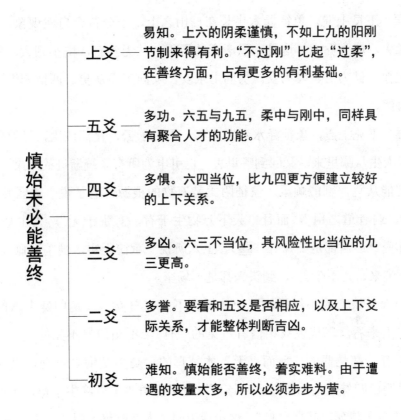

慎始未必能善终

上爻 —— 易知。上六的阴柔谨慎，不如上九的阳刚节制来得有利。"不过刚"比起"过柔"，在善终方面，占有更多的有利基础。

五爻 —— 多功。六五与九五，柔中与刚中，同样具有聚合人才的功能。

四爻 —— 多惧。六四当位，比九四更方便建立较好的上下关系。

三爻 —— 多凶。六三不当位，其风险性比当位的九三更高。

二爻 —— 多誉。要看和五爻是否相应，以及上下爻际关系，才能整体判断吉凶。

初爻 —— 难知。慎始能否善终，着实难料。由于遭遇的变量太多，所以必须步步为营。

二、归妹可以视为渐的终了

　　渐卦（☶☴）下艮上巽，象征巽木生长在艮山之上，十分符合自然现象。树木在山上，由树苗逐渐长大，成为乔木，这是一段渐变的历程。从无到有，由小到大，象征一般系统逐渐演变的规律。艮为男、巽为女。男向上求女，女向下而从男。两情相悦而渐变为女有所归，合乎自然。

　　归妹（☱☳）下兑上震，象征泽水蒸发成气，雷出于云，化而成雨，又返归于泽。这象征性地说明了人生从哪里来，又回到哪里去；也引申为所有系统渐进的结果，都必有所归。归妹（☱☳）震能从兑，刚能顺柔，象征阴柔是万物的根源。老子说"柔弱胜刚强"，因为"反者道之动，弱者道之用"，而且"天下万物生于有，有生于无"。人生是渐变的历程，然而不管怎样变，最后都是归妹卦（☱☳）。上六所说"承筐无实，刲羊无血"，也就是我们常说的"生不带来，死不带去"，到头来都是一场空。

　　现代有的人只谈恋爱不结婚，即使结婚也不生男育女，或是归妹上六的写照，的确值得深思。扩大来看，现代人只相信看得见的"有"，不相信看不见的"无"，到临终时，才发现原来"有"都是假的，反而"无"才是真的，是不是悔之过晚，已经枉走一生？

　　倘若及早明白归妹是渐的终结，应该可以提早觉悟"宁可终生不悟，千万不要临终才悟"的道理。"人之将死，其言也善"，这句话说明了人在临终之时，大多都能觉悟。那么，为了避免最后发生"不得好死、死不瞑目"这种无法弥补的遗憾，我们就只剩下一条正道可走，那便是尽可能地提早觉悟。

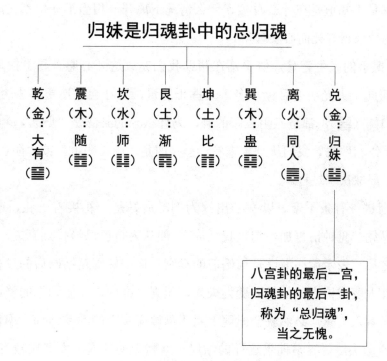

归妹是归魂卦中的总归魂

| 乾
（金）
∷
大有
（☰） | 震
（木）
∷
随
（☳） | 坎
（水）
∷
师
（☵） | 艮
（土）
∷
渐
（☶） | 坤
（土）
∷
比
（☷） | 巽
（木）
∷
蛊
（☴） | 离
（火）
∷
同人
（☲） | 兑
（金）
∷
归妹
（☱） |

八宫卦的最后一宫，
归魂卦的最后一卦，
称为"总归魂"，
当之无愧。

三、在渐变中寻找合理归妹

人一生下来，没有例外地都会走向死亡。人生最有趣的，即为人人都知道自己有一天会与世长辞，只是不知道是在什么时候、什么情况下离开。相当于一生都在渐变中寻找合理的归宿，以期能求得好死而心安理得！

《易经》所揭示的人生智慧，似乎都在帮助我们完成这一心愿。易道扶阳抑阴的目的在于激励我们朝向正大光明的目标，多多发挥正能量，为社会创造更多去否保泰的机运。渐卦（☶☴）和归妹（☳☱），都是三阴三阳的卦，为什么渐的卦辞是"归吉，利贞"，而归妹却是"征凶，无攸利"呢？我们从卦象来看，差别即是"阳在阴上"或"阴在阳上"而已，这启示我们：结局取决于过程。

渐卦依序渐进，有条不紊。以女子出嫁为例，最好是一礼接着一礼，遵循合理程序进行，不应该仅凭一见钟情再加一句"我爱你"，便认为自己已经找到真爱，甚至于闪婚。

归妹在渐之后，表示循序渐进是结婚前的准则，而归妹则是结婚后的过程。一开始就认为自己已由外人变成内人、从爱人变为夫人，无视"征凶，无攸利"的警语，不能够逐渐适应、改善而融入夫家，必然就会出现上六"承筐无实"的不良结局。现代人常有"合不来就离婚"的念头，更容易催生这样的结局。默默无闻的人，大多比较有机会得好死；有名、有利、有势的人，反而经常控制不了自己，往往到了不得好死之际，才悔之莫及。归妹卦并非完全没有解法，否则为什么后面还会有丰卦（☳☲）呢？其实只要能够反求诸己，仍然充满无穷希望！

渐
53 (䷴)

男女交往,

最好循序渐进,

不要仅凭一见钟情,

再加一句"我爱你",

便自认为找到真爱,

结果不久便感情破裂,

害得年迈双亲

老泪纵横。

(结婚前)

归妹 (䷵)
54

既然结婚了,

就要适应新环境,

把自己融入夫家,

真正成为一家人。

你我是夫妻,更是父母、子女,

一旦场景转换,

角色就应该合理转换,

才能有丰硕的收获。

(结婚后)

四、归妹是人生大事要慎重

人类为求生生不息，必须一代传一代，才不致后继无人。"归"指女子嫁人，"归妹"便是少女于归，这是人生大事，所以象辞说："归妹，天地之大义也。……人之终始也。"《易经》中论及婚姻的，还包括咸（☱）、恒（☳）两卦。咸卦（☱）下艮上兑，以少男求少女；恒卦（☳）下巽上震，以长女承长男，年龄相若；归妹（☳）下兑上震，以少女承长男。为什么咸卦"亨，利贞"，恒卦"亨，无咎，利贞"，而归妹卦却"征凶，无攸利"呢？通常，少男或少女容易闹情绪、起争执，导致家运不安，这是征凶的原因。长男或长女通常都比较能干，也更为固执，因此需要坚定的毅力，才能长久维持家庭和睦。而在少女和长男的结合中，看起来情绪较不稳定的少女受到身心成熟的长男细心照顾，二者应该能够喜悦互动。即使偶有争执，也会由于长男的妥善因应而相安无事。但是，老夫少妻也很有可能衍生出许多问题。古时候天子一娶十二女，诸侯一娶九女，主要是为了永续传宗接代，确保有子孙可以继承。然而，妻妾成群所引起的嫉妒和争宠，每每造成后宫斗争，实在非常残忍，当然是"征凶"了。

渐卦（☴）下艮上巽，以长女配少男，是真的在谈论婚嫁吗？大过卦（☱）下巽上兑，明明是两个女人，哪里有"老夫得其女妻""老妇得其士夫"？可见，也都是作为比喻而已。

由此观之，男女的结婚年龄固然重要，但两人之间的年龄是否相当，彼此有多大差距最好也要仔细思量，务期化"无攸利"为"利有攸往"，使"不善终"转为"善终"。

五伦以夫妇居首，说明其十分重要

出发点要纯正	年龄要考虑	家庭背景要衡量
最好是	少男少女	嫁入富人家
一生之中	老夫少妻	易被怀疑动机不纯正
所爱的人	老妇少夫	娶了富家女
便是结婚的对象	双方年龄	难免多憋屈
有长久相守的决心	是否相当？	双方家世悬殊
因此必须慎始	能否相配？	生活习惯不容易调适

事先多了解、多思虑，可减少事后的烦恼与悔恨！

五、由爻变看女归如何渐进

渐卦（☶）下艮代表男子的稳重，有责任感，不致见异思迁、喜新厌旧；上巽象征女子的柔顺，不急躁，也不放纵。当今婚姻问题严重，渐和归妹这两卦，更具有研究价值。初六爻变为家人（☲），提示男女双方渐走渐近，就应该存有成为一家人的意思，恋爱的对象，最好是结婚的对象。六二爻变为巽卦（☴），意指必须深入了解对方的为人处世原则，思考是否符合自己的要求。九三爻变成观卦（☶），提醒要进一步观察双方家庭及周遭环境，推测可能造成的影响。六四爻变为遁卦（☰），意味着对于负面的因素，要看看有没有改变的可能，或者采取暂时退避的方式，看看后续结果如何。九五爻变成艮卦（☶），警示我们必须停止时，就要好聚好散，以免上九爻变为蹇卦（☵），形成寸步难行的困窘局面，难以解决。换一种角度来说：男女双方在交往过程中，倘若有难以处理的事情，最好暂时冷静，或者抱持退避的心态，仔细观察前因后果以及可能产生的变量，再深入分析事情的真实情况，以家人的心态互相体谅，这样更加容易循序渐进。

停、看、听，是我们处理事情时常用的方式，即暂时停止，待准备妥当时再出发。渐卦安排在艮卦后面、归妹卦的前面，似乎也是循序渐进的一种象征。男女各正其位，自然顺成。

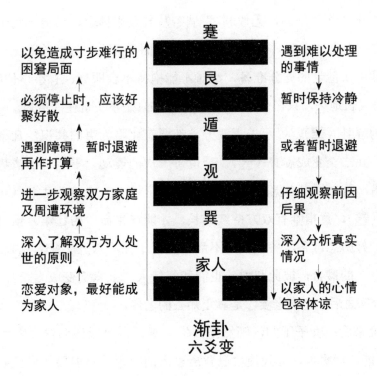

以免造成寸步难行的
困窘局面

蹇

遇到难以处理
的事情

必须停止时，应该好
聚好散

艮

暂时保持冷静

遇到障碍，暂时退避
再作打算

遁

或者暂时退避

进一步观察双方家庭
及周遭环境

观

仔细观察前因
后果

深入了解双方为人处
世的原则

巽

深入分析真实
情况

恋爱对象，最好能成
为家人

家人

以家人的心情
包容体谅

渐卦
六爻变

六、彼此和悦才是理想归妹

归妹（䷵）卦辞说："征凶，无攸利。"倘若从卦象来体会，乃男子动于上，女子悦于下，这警示我们：夫妻关系若只建立在男欢女爱方面，势必招致凶险而无所利。必须双方内心和悦，做好白头偕老的充分准备，绝对不能抱持不合即离、有小事便吵翻天的心态。所谓的"不在乎天长地久，只在乎曾经拥有"，或许只是不负责任的借口。

初九爻变为解卦（䷧），提示夫妻双方，都要有化险为夷的共识，凡事用心化解，不急于立刻解决。九二爻变成震卦（䷲），是说每一次的震动，不能迫于情势，即口头表示改过而持续犯错，而必须内心觉醒、真心悔悟，才符合六三爻变为大壮（䷡）的要求。九四爻变成临卦（䷒），意指唯有双方持续成长，才能在生命中的壮年，预料将来可能衰败的情况，及早做好防患准备，务求临危不乱、处变不惊。六五爻变为兑卦（䷹），说的便是夫妻经过这么久的磨合，彼此和悦，也能和气待人。上六爻变成为睽卦（䷤），表示子女长大、各自分家之后，老夫老妻才是真正知心的老伴。

换一种角度来看：女子于归，既然是人生大事，自己应该明白"家才是人群社会的最小单位"，不能违背家风，寻找使自己背离家人的对象。不但要让自己心中喜悦，而且要多加努力，使可观的喜事早日来临。如有自以为是的想法，必须及时制止，重新启动原有的观念与行动，排除干扰，解开心结，使好事终成。"男有分，女有归"，最终成就美满家庭。

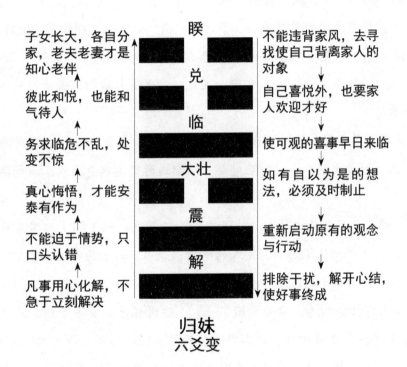

子女长大，各自分家，老夫老妻才是知心老伴

不能违背家风，去寻找使自己背离家人的对象

彼此和悦，也能和气待人

自己喜悦外，也要家人欢迎才好

务求临危不乱，处变不惊

使可观的喜事早日来临

真心悔悟，才能安泰有作为

如有自以为是的想法，必须及时制止

不能迫于情势，只口头认错

重新启动原有的观念与行动

凡事用心化解，不急于立刻解决

排除干扰，解开心结，使好事终成

睽

兑

临

大壮

震

解

归妹
六爻变

❀ 我们的建议 ❀

（一）渐卦（☶）是艮（☶）宫的归魂卦。称"艮"不称"止"，启示我们该止则止，而该进仍然要进。进退之道的最终原则，莫过于"渐"的顺止，即依序缓慢地前进。

（二）归妹（☱）是兑（☱）宫的归魂卦。兑即心中的喜悦，它必须真实而又正当，才能顺天理之正，应人心之公。两泽相连，互相滋润之道，以归妹最为难能可贵，应该特别慎重地加以看待。

（三）晋（☲）是上进，升（☷）为上升，渐（☶）则是渐进。这三卦都求进，但各有不同要领：上进时要柔顺，上升时应顺势，而渐进时则不能急躁。三者的共同点，都在于适可而止。

（四）咸（☱）是男女感应的相与，贵在专一而笃实；恒（☳）为男女结成长久的夫妻，贵在守恒而长久；归妹（☱）则是人的终始，是承前启后的关键。家家户户，如能认真领会并运用这三卦所启示的道理，当受益无穷。

（五）人与人有机会相遇，称为"姤"（☴）。这时候彼此互不了解，不宜贸然有所承诺，最好能多加观察，以诚相待。由志同道合而聚集，即为萃（☱）。然后循序渐进，走上归妹的结合。萃卦（☱）是兑宫的二爻变，可以视为归妹的前奏。

（六）萃卦（☱）的综卦是升卦（☷），提示要彼此互相勉励、充实内涵、修养品德，使志同道合的人，能够互相勉励、共同提升。接下来，我们就要看看萃、升两卦，在人生旅途中的实际应用。

萃（☱☷）列兑卦，为二爻变的卦。
六爻都无咎，当然喜悦；下顺上悦，无咎。

天地万物聚散无常，聚合兴而离散衰，
聚合时要慎防离散，所以必须聚以正才能亨。

阴阳和悦顺从，是好聚好散的根本，
兑宫一爻变不过是困，二爻变才是萃。

象征道不行必困，只有顺天理才能萃，
因此不能得意忘形，必须戒慎以防发生转化。

萃卦六二爻变，即成为困卦（☱☵），
表示下坤的心志不能乱，否则必然陷入困境。

萃卦的综卦为升（☷☴），一下子转入震宫，
这警示我们可升才升，不可升千万不要强求才好。

一、诚信为促进团结的因素

萃卦（☱☷）由下坤上兑组成，坤为地而兑即泽。泽居地上，水有所归汇，象征会聚的情境。全卦揭示事物彼此会聚的道理，尤其重视人与人在政治关系中的会聚情况。卦辞说："萃，亨。王假有庙，利见大人，亨，利贞。用大牲吉，利有攸往。""萃"是卦名，意思为"会聚"。有亨也有不亨，因为它是有条件的，不可能所有的会聚都亨通。在会聚的时候，君王用美德感动神灵，以不忘本的精神拜祭宗庙，所以说"王假有庙"。"大人"指九五刚中居尊。见到大人当然有利，因此说"利见大人"。会聚的目标正大，能守持贞正，才能亨通。以丰厚牲礼拜祭，可获吉祥。这样的会聚，利于沟通。

初六爻辞："有孚不终，乃乱乃萃，若号，一握为笑，勿恤，往无咎。"小象说："乃乱乃萃，其志乱也。"初六与九四相应，象征诚信互动。但是在萃卦中，地位邻近的最容易聚集。下坤三阴连在一起，其中六三上承九四，近水楼台，有利于捷足先登。于是初六心生疑惑，始信而终疑，所以说"有孚不终"。第一个"乃"是发语词，第二个"乃"为其，"乱其萃"是指使原本想会聚的乱掉了！该不该与九四会聚呢？当初六想到九四已经与六三会聚时，忍不住号啕大哭。但是一握手，也就是在弹指间，初六想到自己与九四的关系时，不禁又笑了。"勿恤"是鼓励自己不必忧虑，往聚九四必然无咎。初六爻变成随卦（☱☳），象征随着原先的念头，不因初六失位而乱了意志，前去与九四会聚，才不辜负"勿恤"的鼓励，可以往而无咎。

萃

45

初六，有孚不终，乃乱乃萃，若号，一握为笑，勿恤，往无咎。

在萃卦中，地位邻近的最容易聚集。初六虽然与九四相应，但是居下坤三阴之始，反而与六二、六三更加亲近。同时六三上承九四，也使得初六心生疑惑，可以说对九四始信而终疑，所以说"有孚不终"。初六想到九四和六三比邻相聚时，忍不住号啕大哭。但是一握手，也就是在弹指间，很快又笑了。"勿恤"是鼓励自己不必忧虑，往聚九四必然无咎。初六爻变为随卦，象征随着原先的念头，不因初六不当位而乱了心志，循自然规律前往，与九四会聚，才不辜负"勿恤"的鼓励，得以无咎。

坚持诚信原则，才能会聚正道。

二、态度不同内心诚信一致

萃卦（☷☱）象辞说："萃，聚也；顺以说，刚中而应，故聚也。王假有庙，致孝享也；利见大人，亨，聚以正也；用大牲吉，利有攸往，顺天命也。观其所聚，而天地万物之情可见矣。""萃"是聚的意思，"说"为悦。下坤上兑，即是下顺上悦，加上九五刚中，与六二柔中相应，象征会聚。王者以美德感化民众，假借祭祀祖先，在宗庙会聚，目的在促使大家不忘根本，并且知恩报本。庙会祭祀时，国人自然相聚，见到君王，于是上下欢聚，自然亨利。为了表达至诚之心，祭品丰盛。用大的牲礼，可获吉祥。这时候有所往必将有利，因为顺从天命的会聚才是正当的。观察会聚的道理，可以想见天地万物的真情是多么自然！

六二爻辞："引吉，无咎，孚乃利用禴。"小象说："引吉，无咎，中未变也。"六二当位，居下坤中爻，能守正。虽然初六与六三都因急于与九四会聚而困扰，六二却不因与九五相应而前往会合，反而是耐心等待九五的牵引才肯出动。六二象征不去奔走钻营，才能吉祥。在萃道中，大家忙于会聚，六二这种态度，往往是吃亏的。但是六二守中，诚信可靠，不必讨好奉承，九五自然会主动前来牵引，所以无咎。"禴"指春祭，由于尚未到收获的季节，祭品通常较微薄。"孚乃利用禴"，表示祭品虽然薄劣，但只要虔诚祝祷，可保无咎。六二爻变为困卦（☵☱），象征处于尚未收获的困境，但六二守中诚信，仍然虔敬祀神，所以可免于祸咎。虽然初六、六二对会聚的态度不同，但内心的诚信却是一致的，所以结果都是无咎。

萃
45 六二，引吉，无咎，孚乃利用禴。

六二当位，居中，又与九五相应，条件良好且能守正，所以
耐心等待九五的牵引，然后才出动。六二象征不奔走钻营，
才能吉祥。在萃道中，大家忙于会聚，六二这种态度，反而
无咎。"孚"指诚信，六二深谙此道，所以不必讨好奉承，
九五自然主动来牵引。"禴"为春祭，由于尚未收获，祭品
通常不丰盛。"孚乃利用禴"，表示祭品虽然薄劣，虔诚祝祷
仍可保无咎。六二爻变为困，象征处于尚未收获的困难状况，
应更加虔诚守中，方得无咎。

诚于内不可改，外在表现则随时合理调整。

三、未能团结自然觉得苦闷

萃卦（䷬）大象指出："泽上于地，萃；君子以除戎器，戒不虞。"萃卦下坤上兑，泽在上而地在下，象征泽上于地。泽水汇集在大地之上，有如人们聚集在一起，日久必将生乱。君子观察这种现象，领悟出治国的道理：必须修治兵器，以防备不测的变乱。泽气蒸发成为云雨，是无形无象的变化。水泽聚于地上，若是泛滥成灾，也会有害。众人会聚时，为了防止争夺、捣乱，必须严格进行通关检查。对于兵器管制，尤须特别谨慎，以小心防范为上策。

下坤三爻，都是有意与人会聚，由于处境不同，所以心态并不一样。人多口杂，各有不同的态度。观察会聚的状态，可以看出人生百态，果真是各有算盘，变化无穷。

六三爻辞："萃如嗟如，无攸利，往无咎，小吝。"小象说："往无咎，上巽也。"六三不当位，居下坤上爻，象征阴柔不中，瞎撞乱投。先欲与六二会聚，但六二已受九五牵引；待要与九四聚合，而九四已经与初六相应。"萃如"本来有聚集的意思，却由于投聚无门而嗟叹，所以说"嗟如"。六三爻变即成咸卦（䷞），象征本来能够与上六相感应，现在却因为失位而不能如愿。正当投聚无所利之际，上六也由于无所应而悲伤流泪，于是同病相怜。只要六三决心与上六聚合，相信上六为兑卦之主，必定能被欣然接受，所以说"往无咎"。六三在投聚无门时，才想起上六。即使上六宽大包容，六三自己反省起来，还是有几分羞愧，难免小吝。上六以柔居极，象征巽顺，遂能接受六三，与之会聚。

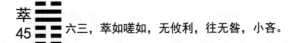

萃
45
六三，萃如嗟如，无攸利，往无咎，小吝。

六三不当位，居下坤究爻。阴爻不中，象征瞎投乱撞。先欲与六二会聚，但六二已受九五牵引；待要和九四亲比，九四却已和初六相应。"萃如"有会聚的意思，"嗟如"便是投聚无门而嗟叹。六三爻变为咸卦，象征原本能与上六相应，却由于失位而不能如愿，所以"无攸利"。但是上六也因为无所应而感到悲伤，因此只要六三决心前往相聚，上六为兑卦之主，必定欣然接受。因此六三"往无咎"，只是有几分羞愧而已。

萃道重团结，三心二意必然自寻烦恼。

四、巩固领导中心至为必要

萃卦（☷☱）由下坤上兑组成，泽上于地，象征会聚。人类通常难以独力成事，必须聚集众人，才能群策群力，朝向同一目标而努力。"人以群分，物以类聚"，这表示人与人之间，有了相遇的机会，自然会有志同道合之士聚集在一起的情况。《序卦传》说："姤者，遇也；物相遇而后聚，故受之以萃。"姤卦（☰☴）重在遇合，事物在遇合之后，才能会聚，所以接下来便是萃卦（☷☱）。下坤上兑，象征下坤三爻意欲会聚，而上兑三爻则是会聚的对象。但是上兑三爻，是不是步调一致呢？看来也有不小的问题！先看九四爻辞："大吉，无咎。"小象说："大吉，无咎，位不当也。"

九四不当位，按理说应该招致祸咎才对，为什么反而"大吉，无咎"呢？原来九四上比九五、下比坤卦三阴。当会聚的时候，"五"为君位，是众人聚集的中心；"四"是辅助大臣，其言行举止，对众人会产生很大的影响。九四下据三阴，成为众所瞩目的人物，但由于位高权重，很容易引起九五的猜疑，因此必须特别小心谨慎，做到"无所不周，无所不正"，才足以担当大任。能够如此，也就大吉而无咎了。九四爻变成为比卦（☵☷），象征上比九五、下比三阴，都能够无所不周、无所不正。即使不当位，也由于谨慎周密而无从获咎。倘若不能做到无所不周、无所不正，也就是不立大功，那就容易由于位不当而有所咎害了。把下坤三阴的向心力，通通会聚在九五身上，现代称为"巩固领导中心"，那就对了！

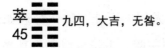 九四，大吉，无咎。

九四不当位，却拥有六三、六二、初六的聚合。倘若谨守近臣之道，当然大吉。若是不能率群阴以顺九五，那就不可能无咎。"大吉"的先决条件，在善尽职守，有始有终，明白自己的不当位，千万不可由于下坤的归顺而妄自称大。九四爻变为比卦，象征上比九五、下比三阴，都能够无所不周。如此，才能大吉。

聚合同道，归顺领导中心，才能吉顺。

五、人心有所归附自然团结

有遇合的机会，称为有缘，纵使相隔千里，也可能前来遇合。但是遇合有两种可能：一为遇而不能合，我们说这个是有缘无分；一是遇而能合，即有缘也有分。姤卦（☰☴）之后继之以萃卦（☱☷），意即遇而能合，才有后续发展的可能。现代交通如此繁忙，大家忙于奔走，无非是姤与萃的现象。姤卦（☰☴）五阳一阴，表示争取民心是当务之急。因为阳多阴少，象征不忠不义的人，实在太多。萃卦（☱☷）四阴二阳，则告诉我们，值得投靠的伟大领袖，也并不多见。四阴是求聚的人，二阳才是萃聚人才的领袖。初六迷乱、六三羞吝、上六流泪，只有六二有定见、能坚持，获得"引吉"。求主得聚，显然十分不容易，值得大家注意，不可错失。

九五爻辞："萃有位，无咎。匪孚，元永贞，悔亡。"小象说："萃有位，志未光也。"九五当位居中，又是至尊，是有德有位的萃卦卦主，成为聚众的感召中心。但是九四近臣，据有三阴群众，致使九五有德有位也只能有其号召团结的名分，所以说"无咎"。"匪"为非，"孚"即诚信。九五为什么得不到人民的信服呢？因为下坤三阴有九四相隔，难以通达九五的诚信之心。"元"是众善之长，"永"为久，而"贞"即贞正。"元永贞"的意思是，九五既然有阳刚尊长的美德，那么只要永久保持正固，便可以避免"匪孚"的祸咎，而得以无悔。九五爻变为豫卦（☳☷），象征心志尚未光大、不足以团结人心的悔恨，将由于九五的"元永贞"而消除，产生喜悦的心情。九四首先承命，下坤三阴也将归心，"志未光"的遗憾，自然也就得以消释了！

萃
45

九五，萃有位，无咎。匪孚，元永贞，悔亡。

九五当位居中，为正位之君，所以说"萃有位"。但是下坤三阴代表民众，都聚合在九四这位近臣身旁，以致九五有位而无民，反而要靠九四的忠贞，才能无咎。然而求人不如求己，所以九五自己永久保持正固，自然可以避免"匪孚"，也就是不诚信的祸咎。九五爻变为豫卦，象征心志尚未光大、不足以团结人心的悔恨，必须由九五自己的"元永贞"来加以消除。

人心能够归附，才能诚心团结。

六、求聚不得也应知危免害

人类的会聚，有纯属生计的需要，以求分工合作，共同达成某种目标；也有政治上的需要，期望巩固领导核心，以求会聚人才为民服务。倘若求聚不得，也不能徒自伤悲。通常，我们把坚强完美而纯洁的叫作"萃"。"出类拔萃"，便是才识特别出众的意思。上六位高而不为众人所聚，可以拿来当作借镜，以自求多福。

上六爻辞："赍咨涕洟，无咎。"小象说："赍咨涕洟，未安上也。"上六当位，居萃的顶上，以柔乘九五之刚，当然很不利。下与六三又不相应，九五刚中难以凌乘。在这种失去"乘"也不能"应"的情况下，有如被摒弃隔绝于外，当然只有嗟叹流泪的份儿，怎么可能无咎呢？"赍"是抱持，"咨"为嗟叹，"涕洟"是眼泪和鼻涕，合起来即指悲伤掉泪，十分悔恨。追究其主要原因，在于虽居上位，而心实不安。"未安上"可以说是人在外而不敢自安，通过悲伤掉泪使大家认为有悔意，于是获得众人的同情与宽恕，而得以免于祸咎。上六爻变为否卦（☷☰），象征倘若不能悲伤掉泪，博得大家的同情，那就反而不利了。泽在地上，终究不如地上有水（比卦）那样团结。只要稍微不能聚集，便有泛滥的危机。有如天下纷乱、人才分散而无所归向。此时，帝王要以正当方式聚集人才，使其成为事业的骨干，便应该用心研究萃道。一方面要延揽良才，另一方面也要防止叛乱，如何在两难之间合理兼顾并重，关乎遇而能合、合而能久的重要课题。

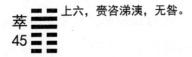

萃
45

上六，赍咨涕洟，无咎。

"咨"表示嗟叹，"涕"是泪水，"洟"为鼻涕。上六居高难聚，与六三不相应，又以阴乘二阳之上，内心至为不安，以致嗟叹流泪。上六的表现，获得众人的同情，因而得以无咎。上六爻变为否卦，象征倘若不能悲伤掉泪，博得大家的同情，那就反而不利了。

求聚不得，应知危免害。

我们的建议

（一）萃的用意，在聚集精英，共同奋斗。因此，具有远大目标，有声望，能建立共识，才能获得英才的心，成为大家乐于归附的对象。德高望重的领导人物，当然是首选。

（二）人多意见多，是必然的现象。立场不同，利害关系就不一样。偏偏不平则鸣，又会造成料想不到的争端。众人聚集时，固然要防止动乱，更需要加强沟通，促使大家建立共识、齐心协力，各自发挥所长，谋求团体的利益。

（三）立庙祭祀，是一种精神号召，并非迷信。孔子认为"祭神如神在"，重点在于与神明之间的感应，而不是偶像崇拜。祭品的厚薄，可量力而为，但是虔诚恭敬的心，却绝对不可少。

（四）天地万物的聚集，讲求阴阳调和，呈现"顺以说（悦）"的状态。人类之会聚，也应该出乎真情。内外君臣，相聚欢庆，唯有共同走上正道，才是顺应天理的真情表现。

（五）萃卦（䷬）下坤上兑，兑为海洋而坤即陆地。但是陆地可能变成海洋，海洋也可能变成陆地。萃卦的交卦便是临卦（䷒），象征萃聚人才，需要大德大誉的非常人物。

（六）萃卦（䷬）的错卦为大畜卦（䷙），象征君子畜大德，然后可以替天行道，会聚贤能。萃卦（䷬）的综卦是升卦（䷭），意思是人类必须提升自己的素养，才能有利于萃道。萃卦的中互卦有渐（䷴）、咸（䷞）、观（䷓）、剥（䷖）等卦，最好一并加以探讨。

升卦（䷭）是列在震宫四爻变的卦，
九三、六四、六五，呈现震（☳）的象。

卦辞特别指出"南征吉"，向南即"前进"，
我们常说"败北"，意思是后退，因为南进北退。

南代表"离"，象征前进才有光明，
向光明升进，自然亨通，所以说"元亨"。

九三、六四、六五，呈现震（☳）的象，
初六便是升（䷭）卦的最大警讯——"允升"。

下巽一阴爻在二阳爻之下，各安其位，
表示守本分才能安心，有人信任、提携才顺心。

震的下面有一个阴爻，提示下面是空的，
愈往上爬升，愈要注意那个空的尾巴才好。

一、秉持诚信由渐升进而吉

"升斗小民"代表收入微薄的平民百姓，"升斗微官"则是俸禄不多的基层官吏。而升官发财、步步高升，则是很多人的愿望。升卦（䷭）的意思是向上、前进、上升，也启示我们向上升进时应该如何发展。卦辞说："升，元亨，用见大人，勿恤，南征吉。""升"为卦名，由下巽上坤组成。"巽"为风为木，升卦象征地中生出树木，节节向上。由于基础良好，根部稳固，所以"元亨"，表示一开始就亨通。"用"是宜的意思。卦中阳爻不当尊位，不免令人忧虑。最好能够出现大人，长保刚中美德，才能"勿恤"。《说卦传》认为离是南方的卦，象征光明。"南征"指升进时务须朝向光明目标，才能获得吉祥。二、五两爻阴阳相应，象征大人的赏识。

初六爻辞："允升，大吉。"小象说："允升，大吉，上合志也。""允"为信允，也就是诚信。初六以阴居阳位，卑微乏力，与六四并不相应。在这种情况下，要想有所升进，实在十分困难。但是初六上承九二、九三两阳，理应抱持柔顺、诚信的心态。九二以刚中上应六五柔中，显然是德位俱备。初六追随这样前程光明的九二，只要心怀诚信，把工作做好，不争功、不诿过，也就有机会依靠阳刚的九二而升进。初六爻变为泰卦（䷊），象征上下交而其志同，九二与初六上下相互交合，志向协同一致。"上合志也"，便是初六与九二的阳刚心志相合，因而"大吉"。但是，讨好、奉承、谄媚，基本上都违反诚信的要求。初六随顺九二，必须合理地顺从，而非盲从。同时，还要能够循序渐进，才合乎正常的"允升"。

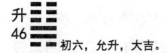

初六，允升，大吉。

初六以阴居阳位，并不当位，卑微乏力，且与六四不相应，显然没有升进的力量。"允"为信允，也就是获得九二的信任。只要初六诚信追随九二，把工作做好，不争功诿过，便有机会随着九二而升进。初六爻变为泰卦，象征初六与九二上下交泰、志同道合，能够协同一致，所以大为吉顺。

获得上级信任，秉持诚信、柔顺而上升，大吉。

二、心存诚信还要谨慎小心

升卦（☷☴）彖辞说："柔以时升，巽而顺，刚中而应，是以大亨。用见大人，勿恤，有庆也；南征吉，志行也。"升卦下巽上坤，上下两个基本卦都是阴卦，具有阴柔的属性。"时"指适时。"柔以时升"，说明六五以阴柔而居尊位，为升卦的卦主，符合"时"的需要，卑己而顺人。此外，又有九二刚中相应，这样可柔可刚，各适其宜，所以能够大为亨通。九五为刚明之位，升卦的六五却有机会升进到尊位，显然在升进的过程中，获得了大德人士的引进，对此不需要忧虑，因为这是值得举国同庆的好事。目标正大光明，上升的志向得以践行，证明这是"巽而顺"的大好美景。九二爻辞："孚乃利用禴，无咎。"小象说："九二之孚，有喜也。"萃卦（☷☴）六二爻辞的"孚乃利用禴"，意思是透过虔诚的祭祀，来表明诚信的心态。升卦（☷☴）九二爻辞，同样提示上升之时，必须祭天以表明诚信的心意。

九二以刚中与六五柔中相应，虽不当位，却居下巽中爻。由于行不失正，深获六五的赏识。九二升进，并非为了六五的宠信，而是志在大业。有如心中虔诚，就算祭品不丰厚，也终将获得神明的庇佑。明君用人，不为自己的私事，却着重于公务。九二通过祭天的方式，得到六五的信任与赏识，不但无咎，而且必有喜庆。九二爻变为谦卦（☷☶），象征思想行动，都能够以谦虚的态度，来表达内心的诚信。祭祀为神明所享，求仕为人君所纳，自己也有志得伸，当然大有喜庆。九二的风险，在于易遭受六五怀疑，必须谨慎小心，才能无咎。

升
46　九二，孚乃利用禴，无咎。

"孚"为诚信，"禴"指农耕尚未收获之前的祭典，所供奉的祭品较为薄劣。古代认为祭天重质而养贤重量，因为天无形而贤者众。诚信祭祀，不必介意祭品的薄重。九二虽不当位，却能以刚中与六五柔中相应。由于行不失正，所以深得六五赏识。九二志在大业，有如心中虔诚，即使祭品并不丰厚，也终将获得上天的庇佑。九二爻变为谦卦，象征能以谦虚态度来表达内心的诚信，所以无咎。

不仅要以谦虚态度表达内心诚信，还需要谨慎小心。

三、升进过分顺利后果难料

升卦（䷭）大象说："地中生木，升；君子以顺德，积小以高大。"地中生出树木，是常见的现象。然而，为什么有些地方比较容易生长，有些地方却相对困难呢？树木的生长，必须由发芽而至于高大。实际上在发芽之先，还有许多必要的条件。无论如何，总是顺着时节而逐渐上进是我们应该学习的地方。君子观察地中生木的升进状态，不仅悟出顺从的美德，还强调必须遵循《系辞下传》所说"善不积不足以成名"的道理。进德修业，应该积小成大，终成崇高的伟业。

九三爻辞："升虚邑。"小象说："升虚邑，无所疑也。"九三当位，居下巽上端，阳刚而志在往上升进。邻接上坤，得三阴的协助，并无任何阻碍。九三与上六相应，却不单为上六所欢迎。因为九三以阳实为贵，升入上坤阴虚之境，而六四、六五也都虚怀相迎，有如进入无阻碍的空间。无人与九三相争，所以说"无所疑"也。"虚邑"表示无人之地，也就是虚空寂静的郊野。升进的时候，既然受到上级的"虚邑"相迎，还有什么可疑虑的？坚持循正道升进，必将畅通无阻。九三爻变为师卦（䷆），象征出师有利，如入无人之境。初六"大吉"、九二"无咎"、九三"升虚邑"，为什么九三爻辞不说"吉"，只说"无所疑"呢？这是因为"虚邑"可能是处于无政府状态的化外之地，一旦进入"虚邑"，才知道原来很不容易治理。功罪祸福，这时候完全要看人的作为，目前尚未可知，当然难断吉凶。"升虚邑"意在提醒我们：若是升进过分顺利，有时反而后果难料。换句话说，自己的实力与各种因素的配合，都十分重要。

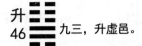

九三，升虚邑。

九三当位，居下巽上端，阳刚而志在往上升进。上坤三阴，也不加以阻碍。九三与上六相应，六五、六四也都对九三表示欢迎。"虚邑"象征九三上升，如入无人之地，只要坚持循正道升进，必然就能畅通无阻。九三爻变为师卦，表示九三出师有利。然而，"虚邑"可能是处于无政府状态的化外之地，治理起来很不容易。

升进过分顺利，反而要特别小心谨慎。

四、恒久坚持诚信可保无咎

《序卦传》指出："萃者，聚也。聚而上者谓之升，故受之以升。"萃卦（䷬）的用意在会聚，人才会聚导致壮大而上进，那就是上升，所以接下来便是升卦（䷭）。"升"表示提升、上升、晋升，都是"积小以高大"的意思。升道的要旨，在以柔破坚而出，必须顺其自然、循序而进，不可揠苗助长。卦辞提示"用见大人"，意指不可以走小人的途径以求升进。"南征吉"则是说不应该朝黑暗求进，必须要有光明正大的目标。初六柔顺上承二阳，阴阳合志宜升；九二以刚中顺应柔中，心存诚信必升；九三阳刚和逊，顺升无碍。下巽三爻，初、二由渐进升而吉，三爻则相当冒险，要特别小心。

六四爻辞："王用亨于岐山，吉，无咎。"小象说："王用亨于岐山，顺事也。"六四当位，上比六五君王，受其信任而在岐山代行享祀事宜，所以吉祥。商纣王在位时，文王为西伯。"岐山"即西山，"亨"同享。当时诸侯来归西周的，约占三分之二，而西伯完全加以接纳，此举引起商纣王的忌恨，于是下令将西伯囚禁于羑里。西伯并不反抗，不亏臣节，所以免于祸咎。在爻辞"吉"之下，还特别指出"无咎"，暗示原本应该"有咎"。因为下巽三爻求升进，六四接纳而享之，必然会引起六五的不满。但是纣王无道，天下诸侯来投奔西伯，不可不顺大家的情意。而纣王囚禁西伯，西伯也安然接受，这样上下皆顺，才能吉而无咎。六四爻变为恒卦（䷟），象征六四顺事六五的恒心与毅力是吉而无咎的必要条件。西伯的升进，同样是秉持诚信，由渐进升，终于天下归心，使武王得以伐纣代商，进而拥有天下。

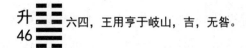

升 46 六四，王用亨于岐山，吉，无咎。

六四当位，又上比六五君王，受其信任，可以在岐山代行享祀事宜，所以吉祥。下巽三爻求上升，六四接纳而享之，必然会引起六五的怀疑。初六、九二、九三、六四构成"坎"的大象，而六四居其上端，象征伴君如伴虎，有相当的风险。六四爻变为恒卦，表示六四顺事六五的恒心与毅力，成为"吉，无咎"的先决条件。

恒久的柔顺诚信，才能长保无咎。

五、步步高升当然大为得志

《易经》所说的"变易"，指的是变粗为精、变杂为纯、变乱为理。人类的演化，由低级而高级，自野蛮而文明，从物质生活到精神生活，这就是升卦（䷭）的主旨。人的一生，除了提升伦理道德之外，其余都不过是手段，算不上目的。换句话说，在追求世间一切功名利禄、荣誉成就时，倘若不能同时提升自己的道德修养，那就可以说完全是空的、虚的，转眼间就会消失不见了！有了升卦的启示，我们最好明白：学业的充实、道德修养的提升，都应该在日常生活当中逐渐累积而成。

六五爻辞："贞吉，升阶。"小象说："贞吉，升阶，大得志也。"六五阴柔，怎么能够高居尊位？主要是下应九二、上下互信，使得当时的贤良人士，全都随着九二而升进。六五虽不当位，却由于秉持正当的升道而得以安居尊位。然而六五毕竟并不当位，倘若对九二的信心不足，岂不是乱了全局？六五爻变即为井卦（䷯），象征井水是活的，有水会变成无水，而可饮之水也会变成有毒之水。六五若是不信任九二，很可能君位也会因此而动摇。"贞"的意思，在这里为坚固。"贞吉"便是说要坚固六五与九二的相应，才能吉祥；否则很可能变成不吉，必须预先防止。身为君王，应该让天下求升进的人士都有上升渠道，以便能够循序渐进，各安其位。"贞吉，升阶"，便是强调六五与九二刚柔相应，使升进的道路顺畅。六五自己登峰造极，当然也是大为得志。在升卦六爻之中，以六五爻辞"升阶"最为吉利。可见升进之道，有赖于贤明领导者的开明与信任，领导者能够知人善任，升进才能顺畅。

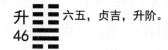六五，贞吉，升阶。

六五下应九二，又居上坤中位，若秉持正当升道，即使不当位，也能稳居尊位。六五爻变成井卦，象征井水是活的，有水可能变成缺水，甚至变成枯水、无水；原本可饮，也可能变得有毒，而使人不敢饮用。六五若是不信任九二，君位很可能因此而动摇。"贞"的意思是坚固。"贞吉"即指六五与九二的关系必须坚固才能吉祥，升进的道路也将因此顺畅。

上下同心、互相信任，升道自然顺畅。

六、只有德业可以升而不息

《杂卦传》说："萃聚而升不来也。"萃卦（☷）为会聚，升卦（☷）上升而不下来。天下事原本有升有降，但是上台容易下台难，有时甚至根本就下不了台。上台靠机会，下台就应该要靠智慧。升卦参照农作物的生长情况讲述道理：种子播于地下，相聚成群而发芽，正是初六"允升"；然后天降雨露，靠天庇佑而得以生长；只要一切正常，就像进入空城般畅通无阻；一直到秋季收获，类似上六的"不息之贞"。六爻循序渐进，真的是上升而不下来，否则当年的歉收，岂不是人们的不幸？我们求升进，同样希望不要被降下来，所以上六的情况，实在不容忽视。

上六爻辞说："冥升，利于不息之贞。"小象说："冥升在上，消不富也。""冥"是暗昧的意思，"冥升"即是昏暗的升进。事实上，凡有升便有其极限。上六当位，却以阴柔之质居阴柔之位，当然暗昧。又居于全卦顶端，象征升进到了极端，自然应该知道止息。"不息之贞"，便是适可而止的警语。倘若到了这样的地步，仍然要求不息地升进，其结果必然是下降，反而不好。有人认为：君子不是应该"自强不息"吗，为什么升卦上六反而"利于不息之贞"呢？这是因为德业才是可以终生不息的，而事业则最好有个始终，以便合理安排接班人，使事业得以持续发展。上六爻变为蛊卦（☶），象征"冥升"的结果，很可能腐化败坏。"消不富"的意思，便是丧失已有的地位而不富裕。《系辞上传》指出"富有之谓大业"，富裕在这里代表的是大业，"消不富"即为保不住大业。上六偶爻中虚，虚则不实，不实就容易消失，岂不是到头来一场空吗？

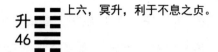 上六，冥升，利于不息之贞。

"冥"指暗昧，"冥升"即昏暗的升进。上六当位，却以阴柔之质居阴柔之位，当然是"冥升"。"不息"为不知止息。上六来到升卦顶端，当然应该知止，适可而止才是正道。倘若到了这样的地步，仍然要求不息地升进，最后结果就是物极必反、向下降落，岂不是不利？上六爻变为蛊卦，象征"冥升"的结果，很可能是腐化败坏，到头来一场空！

只有德业可以恒久上升，其余都应该适可而止。

我们的建议

（一）升卦（䷭）代表人类自强不息的动力，对文明的发展、文化的传承都非常有帮助。人人求升进，社会才会进步。但是"一阴一阳之谓道"，凡事有利必有弊。"强凌弱、众暴寡"的不良后果，必须预先防范，以免前功尽弃。

（二）有鉴于此，把上进心分为"德业"和"事业"两部分，应该是较为妥善的方式。"我欲仁，斯仁至矣！"表示对德业的追求，是无止境的，可以终生求取上进；然而"尽人事以听天命"，则是说事业的升进，不妨适可而止，不必苦苦追求，劳碌至死！

（三）品德修养，必须终其一生都自强不息；功名利禄，最好居高思危，不要过分追求。因为机会有限、资源不足，任何人倘若贪得无厌，最后结局总是对自己相当不利。

（四）"水往低处流，人往高处升"，看来人比水辛苦得多。"智者乐水"，是不是向水学习，才算明智？攀权附势，固然可以获得相当多的好处，但心志易乱，那就不免令人忧心害怕了！

（五）升进的原则，说起来相当简单，就是诚信务实。巽体卑而就下，坤所以顺时上升。九二以刚中与六五的柔中相应，能巽顺而以时上升，所以大为亨通，不必忧虑。

（六）人若是冒险求升进，就很容易被利用，最后被关进牢狱，还是得自作自受。盲目求升进，一生都将成为被别人利用的工具。真正的"升"，关键在于一个"积"字，善不积不足以走上升的正道。

"卦中卦"的意思是卦中含有某些卦，
由于暗伏在卦的内部，所以也称为"暗伏卦"。

一卦六爻，内部交互构成，可以成为五个卦，
这五个卦中卦，可以统称为本卦的"内互卦"。

萃卦有剥、观、渐、咸、大过五个内互卦；
升卦则有大过、恒、归妹、临、复五个内互卦。

这些卦中卦，在分析爻位时是一种工具，
可以使我们对本卦的内涵产生更深一层的认识。

本卦六爻中，任何相比邻的三个爻，
也可以看作一个卦象，称为三画的互卦。

若是再加上本卦的错卦、综卦、交卦，
就能更加扩大解说范围，有助于决策的形成。

一、萃卦有五个六爻卦中卦

萃卦（☷☱）表现了凝聚的动力。要凝聚什么，凝聚成什么样子，凝聚起来做什么，会产生什么样的后果，情况相当复杂，变化也很大。其中，有五个六爻卦中卦，可供参考。

初至四爻，构成剥卦（☶☷），卦辞只有一句话："不利有攸往。"凝聚时很有力量，也十分光彩；一旦聚极而散，力量单薄，相较之下必然痛苦不堪。聚错了人、时机不对，被人利用或架空，由萃转剥，当然就"不利有攸往"了。

初至五爻为观卦（☴☷）。萃得好大有可观，萃得不好怎么办？被大家捧得高高的，只能观望，却无力从事任何实际工作。现代人把这种情况称为"样板"，中看却未必中用。

二爻至五爻，互为渐卦（☴☶），表示就算聚集起来的是精英，也应该秉持渐道而行，顺乎自然而非听其自然，循序渐进而不急功冒进。应从鸿雁排列有序、寒来暑往及其飞行与季节渐进相合才不致招来祸害中得到启示。对于精英分子而言，持中守正而渐进，实在非常重要，不可轻忽。

二至上爻，构成咸卦（☱☶），表示人以群分，除了同道的吸引之外，还需要进行合理的沟通、协调，使彼此的关系更加稳固，以免由于误解、失和、冲突，造成派系之争，分散了力量，更伤害了感情。

三至上爻，便成为大过（☱☴）。由于志同道合，加上交情深厚，导致这一群人的所作所为，经常十分过分。萃卦卦辞有两个"亨"，实在非常难得，千万不要自我膨胀，弄得太过分了，反而辜负了萃的会聚之道。

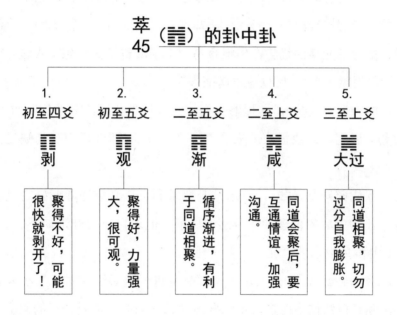

萃 45（䷬）的卦中卦

1. 初至四爻 — 剥 — 聚得不好，可能很快就剥开了！

2. 初至五爻 — 观 — 聚得好，力量强大，很可观。

3. 二至五爻 — 渐 — 循序渐进，有利于同道相聚。

4. 二至上爻 — 咸 — 同道会聚后，要互通情谊、加强沟通。

5. 三至上爻 — 大过 — 同道相聚，切勿过分自我膨胀。

二、升卦同样有五个互体卦

升卦（䷭）表现了攀登的力量，无论是道德的提升、学问的充实还是能力的增进，都应该在实际生活当中逐渐累积而成。所以意志力、体力、耐力成了主要的条件。初至四爻，构成大过卦（䷛）。升卦卦辞只有"元亨"，却没有"利贞"，这提示我们：经过萃卦（䷬）聚集精英同道，虽有了元亨的优势，但很容易一下子冲昏了头，犯下大过。因此目标必须正大光明，才能"用见大人"，所以说"南征吉"。

初至五爻，成为恒卦（䷟），这提醒我们：应该目光长远，追求长期的"允升"，而不是盲目追逐短利、近利，以致很快就来到"冥升"。此时即使后悔当初缺乏恒心，也已经太迟了！

二至五爻，互成归妹卦（䷵），表示升卦要求利贞，必须谨守归妹之道。不论怎样升进，都应该遵守长幼先后的伦理。倘若感情用事，但求自己的升进，不关心同僚的感受，务请留心归妹卦卦辞所揭示的"征凶，无攸利"。

二至上爻，成为临卦（䷒），表示大家都想升进，势必引起君子与小人之争。必须像树木生长那样，顺其自然循序而进，不宜揠苗助长；因此，需要合理的监临，以免原本是"元亨利贞"的好事，却导致"至于八月有凶"的不良后果。

三至上爻，构成复卦（䷗），表示在升进的过程中，万一出了差错，最好保持谨慎的态度，随时注意状况的变化，努力加以改善、补救。抱持东山再起的心，以期达到始动而能顺的效果。也就是善用复之道来补过，修复升之道。

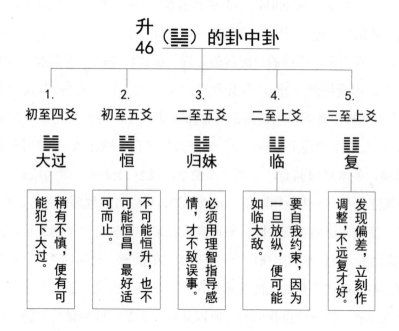

升 46（䷭）的卦中卦

1.
初至四爻
大过 ䷛
稍有不慎，便有可能犯下大过。

2.
初至五爻
恒 ䷟
不可能恒升，也不可能恒昌，最好适可而止。

3.
二至五爻
归妹 ䷵
必须用理智指导感情，才不致误事。

4.
二至上爻
临 ䷒
要自我约束，因为一旦放纵，便可能如临大敌。

5.
三至上爻
复 ䷗
发现偏差，立刻作调整，不远复才好。

三、萃是兑宫最关键的一卦

兑（☱）的象：一阴爻在上，柔性似水；二阳爻在下，牢实如地。有如储水的湖泽，可以滋润万物。当人物受到滋润时，心中必然喜悦。"兑"有"悦"的含义，下兑上兑重成丽泽卦，也就是兑卦（☱），那就更加难掩喜悦之情了。

喜悦有一阳必有一阴，表面的、虚假的喜悦，很快就造成"泽无水"的困境。所以兑宫的一爻变，立即出现困卦（☱），其卦辞说："贞，大人吉，无咎。"表示君子处困，和"小人长戚戚"不一样，必须以坦荡荡的心情来聚集人才，力求脱困。因此兑宫二爻变即是萃卦（☱），其大象说："泽上于地，萃；君子以除戎器，戒不虞。"这时候最需要的，是使上下没有隔阂，务求举国同心，才能萃而能亨。兑宫三爻变，即为咸卦（☱），表示泽在山上，高山纯洁的水，不为他物阻碍而有所偏差，可以自然地感应各方。彼此相悦呼应，形成良好默契，便是萃道的安全保障。然而众人相聚，难免会有不同意见，由不平而引起争执，以致结成派系，有如水被困在山上，丧失了泽的功能。兑宫四爻变，即是蹇卦（☱），象征遇险止步，不能前进，喜悦之情荡然无存，上下都没有兑（☱）的形象。最好的补救方式，便是自我反省，谦虚地自我调整，所以兑宫五爻变，成为谦卦（☱）。反省的结果，要表现在行为变易上才有实际效果，因此游魂卦即为有过必改的小过（☱），以免铸成大错。接下来是归魂卦，那就是归妹（☱）。能不能恢复内心的喜悦、保持兑宫的精神，关键即在萃道的发扬是否及时而合理。

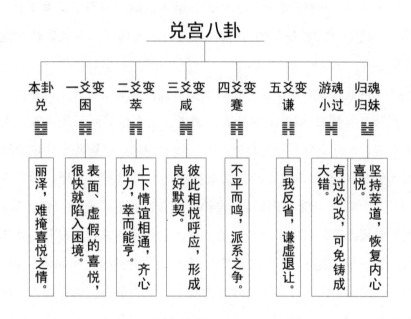

四、升是震宫最危险的关卡

震（☳）的卦象，一阳爻在两阴爻的强力压迫下，已经蓄积一股巨大的能量，等待机缘成熟，便会立即爆发。其时阴阳电相触而产生强光巨响，相当于雷电交加，促使万物苏醒。下震上震组合成为洊雷震卦（䷲），雷声隆隆、电光闪闪，使人心惊胆战，有如晨钟暮鼓，令人反躬自省。

自省无过，或自觉有过而知忏悔，自然安和喜悦，有如雷出地上，使人心情舒畅，所以震宫一爻变成豫卦（䷏）。倘若不知反省，或者自知有过失而不能悔改，那每逢雷电交加，必然心生不安。这时最需要的是破解心结、诚心改过，以解除心中的烦恼，因此震宫二爻变，就成为解卦（䷧）。改过之后，最重要的是不再犯同样的错。解除烦恼之后，最好不要再自寻烦恼。震宫三爻变为恒卦（䷟），这告诉我们：坚持"雷厉风行"的作风，才能持之以恒地自我改造、坚守本分。如此一来，我们便能顺利地提升品德修养，所以震宫四爻变，就出现升卦（䷭）。在学业充实、品德提升的同时，也忍不住想要升官发财，这是升卦最危险的地方，也是最不容易跨越的关卡。一不小心，就会掉入井中。所以震宫五爻变，即是井卦（䷯）。在井水的常德中，可体会震的动力，明白必须蓄积永恒的决心和坚强的毅力，才能做出非常之事业。震宫游魂大过卦（䷛），是对升得好不好的严格考验；归魂随卦（䷐），则关乎升得好不好的效果。做出有利于社会的大业，又获得大众的追随，当然"南征吉"了！

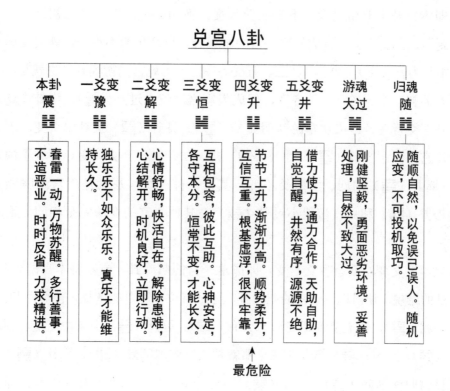

兑宫八卦

本卦震	一爻变豫	二爻变解	三爻变恒	四爻变升	五爻变井	游魂大过	归魂随
春雷一动，万物苏醒。不造恶业。时时反省，力求精进，多行善事。	独乐乐不如众乐乐。真乐才能维持长久。	心情舒畅，快活自在。解除患难，时机良好，立即行动。心结解开。	各守本分。恒常不变，才能长久。心神安定，彼此互助。互相包容。	节节上升，渐渐升高，顺势柔升，根基虚浮，很不牢靠。互信互重。	借力使力，通力合作。天助自助，自觉自醒。井然有序，源源不绝。	刚健坚毅，勇面恶劣环境。妥善处理，自然不致大过。	随顺自然，以免误己误人。随机应变，不可投机取巧。

最危险

五、游魂归魂都能推理判断

游魂即本宫卦上卦中爻变，下卦三爻皆变。换句话说，本宫卦的初、二、三、五爻齐变，只剩四、上爻不变，就成为这一宫的游魂卦，象征稍微不小心，就会变成别宫的卦了。乾宫本卦为乾（☰），初、二、三、五爻齐变，即为乾宫的游魂卦，也就是晋卦（䷢）。震卦（䷲）的初、二、三、五爻齐变，便成为震宫游魂大过卦（䷛）。坎卦（䷜）上卦中爻变，下卦三爻皆变，即成坎宫游魂明夷卦（䷣）。艮卦（䷳）上卦中爻变，下卦变成错卦，即为艮宫游魂中孚卦（䷼）。坤卦（䷁）初、二、三、五爻齐变，便成了坤宫游魂需卦（䷄）。巽卦（䷸）的四、上两爻不变，其余全部改变，那就是巽宫游魂颐卦（䷚）。离宫游魂讼卦（䷅）和兑宫游魂小过卦（䷽）与其他六宫的变法完全相同，很容易快速类推。

本宫卦第五爻变，其余各爻不变，即成这一宫的归魂卦。或者将本宫游魂卦的下卦，变回本宫卦的原貌，便出现这一宫的归魂卦，象征君位主魂若能恢复，便可回归本宫卦了。乾宫本卦为乾（☰），第五爻变即成归魂大有（䷍）。震卦（䷲）上卦中爻变，便成为震宫归魂随卦（䷐）。坎卦（䷜）第五爻变，那就是坎宫归魂师卦（䷆）。艮卦（䷳）上卦中爻变，出现艮宫归魂渐卦（䷴）。坤卦（䷁）第五爻变，坤宫归魂比卦（䷇）立即显现。巽卦（䷸）的上卦变成艮卦（☶），巽宫的归魂卦，也就是蛊卦（䷑）马上就推出来了。离卦（䷝）第五爻由阴变阳，离宫归魂同人卦（䷌）得以出现。而兑卦（䷹）上卦中爻由阳变阴，便是兑宫归魂归妹卦（䷵）了。

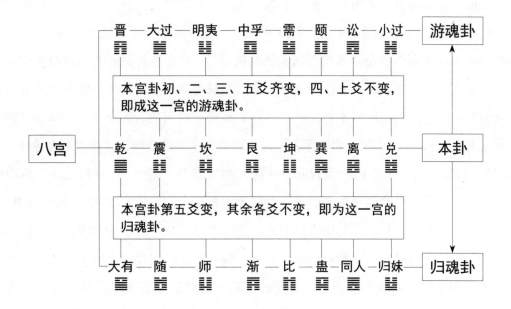

六、萃聚与升不来的重大启示

《杂卦传》说："萃聚而升不来也"。

"萃"的意思是聚，精英聚集就叫作"精英荟萃"。怎样聚集呢？萃卦（☷☱）卦象下坤上兑，象征上面的精英口才很好，说得头头是道，下面的群众听得入迷，乐于追随。但是萃卦（☷☱）毕竟和比卦（☵☷）不同：前者有九五、九四两个阳爻，代表精英不限于九五，九四也算，所以"聚"便是"聚集不同来源的精英"；后者全卦只有九五这一个阳爻，象征唯一的精英，权势集中而不分散。"比乐"，而萃只是聚却不一定乐，因为九五和九四之间，未必完全没有矛盾，所以不能像比卦（☵☷）那样一呼百应、万众一心。萃卦（☷☱）必须"利见大人"，即有德高望重的领导人，此外还需有丰富的资源，才能"利有攸往"。

"升"为什么"不来"呢？因为升卦（☷☴）相较泰卦（☷☰），就差初爻尚未由阴转阳而已。依易象惯例，爻的运动由上而下，也就是由外往内，就称为"来"。现在升卦（☷☴）上卦为坤，三爻皆阴，并没有阳爻可以下来。所以"升不来"的主要原因，即在初六是空虚的、松动的。升得愈高，其实愈危险。升卦（☷☴）卦辞特别提示"用见大人"，"用"即指自己的资源不够，必须借力使力，利用他人的资源来完成任务。升卦（☷☴）前为萃卦（☷☱），后为困卦（☱☵），象征要先在聚集时摆平所有的矛盾，以免升时遇到障碍。而且"升而不已必困"，最好能够事先防患。萃卦"利见大人"，升卦只能"用见大人"，可见升要避免困，务须获得更多人的支持。

萃
45 (䷬)

升
46 (䷭)

困
47 (䷮)

上兑象征: 精英口才很好。 下坤表示: 群众乐于追随。 九五和九四, 最好齐心协力, 倘若意见分歧, 那就易生内斗了。	聚集力量, 柔以上升。 初六阴爻, 空虚松动。 用见大人, 并非利见大人。 利用他人资源, 必须适当回馈。	穷苦、艰难, 处处挨打。 处困之道, 务实为要, 从哪里跌倒, 就从哪里爬起来。 君子固穷, 小人穷斯滥矣!

我们的建议

（一）卦中卦就是互体卦，由一个六爻卦的初、二、三、四爻，或初、二、三、四、五爻，或二、三、四、五爻，或二、三、四、五、上爻，或三、四、五、上爻，等等，分别构成上互、下互，然后加以组合而成。通常一个重卦，含有五个卦中卦。

（二）每一个六爻卦，由初至上，任何一爻由阴变阳，或由阳变阴，都会变成另外一个卦。每一个重卦，都有六个爻变的卦。由上而下有如路况，由下而上启示"走得合理有效的道理"。唯有亲自体验，才能深刻领悟其中的奥妙。

（三）每一个卦，都有其错卦、综卦，也都安排在八宫之中，以及依卦序所排的六十四卦当中。可以综合分析，增加卦爻的内涵，丰富其变化的方式。果真是"刚柔相推，变在其中矣"！

（四）既然如此，我们不妨把吉凶摆在一边，学着从刚柔的变化中，推知大自然的规律，相信很快就会领略"大道至简""易经真的很容易"的道理。人生苦短，时间宝贵，何苦自己钻牛角尖，然后大呼其难呢？

（五）试着自行选定一个重卦，将参透其精义当作人生的目标。常常赏玩这卦的卦爻辞，想象自己的处境，逐步向这个卦靠近。只要循序渐进，必然愈来愈有希望。

（六）用心朝向既定的那个卦迈进，即为"心易"，也就是用心参悟易理，进而修治自己的人生。怎样选定这一个卦呢，且留待下一本书《易经真的很容易：变革与创新》继续讨论吧。

　　一幅画能不能传世，关键看它有没有灵气；一个人有没有创造力，也是看这个人有多少灵气。灵活、灵光、灵巧，是我们共同推崇的活力，更是我们心向往之的神气。

　　我们常说中国人不能骄傲，因为骄者必败。然而中国人可以很神气，因为我们的祖先，留给了我们这么难得的宝贝——总括为一个字，就叫作"一"。我们常说"一即一切""一切都是一"。老子说"圣人抱一为天下式"，孔子说"吾道一以贯之"，司马迁指出"数始于一"，他们都强调这个"一"字，这也就是我们之所以神气的总根源。

　　《道德经》第三十九章说："昔之得一者，天得一以清，地得一以宁，神得一以灵，谷得一以盈，万物得一以生，侯王得一以为天下贞。""一"为万数的开始，"道"为万物的根基。老子用"一"来比喻"道"，"抱一"便是守道，而"得一"即为得道。自古以来，我们便认为"道"是天地万物生成的本体，也就是根源。"一"是"道"的代表，天得道才清明，地得道才宁静，神得道才虚灵，谷得道才充盈，万物得道才化生，侯王得道才确立天下的准则。反过来说：天不能清明，恐怕就将崩塌；地不能宁静，恐怕即将覆灭；神不能虚灵，恐怕就会消失；谷不能充盈，恐怕便会枯竭；万物不能生长，恐怕就会灭绝；

而侯王不能为天下确立准则，恐怕就会丧失权位。古圣先贤较有灵气，是因为坚持抱"一"而不敢稍有懈怠；现代人灵气愈来愈少，是由于偏向"二"而匠气愈来愈盛。

"二"撕裂了"一"成为"器"，现代称为"专业"，往往"只知其一，不知其二"，所以不能通。"一"内含"二"，称为"朴"，就像未经雕琢的木和尚未开凿的原石，也就是"纯真"的意思。"朴"在成"器"之先，因为未加雕琢，所以不成为"器"。正由于不成为某一种器，所以能够成为一切器，这一点最为难能可贵。我们生而为人，除了本能的需要以外，难免还有其他欲念。当"欲"将起未起，浑然自然无为，不显出有为的指向时，那就是"朴"。老子常以"婴儿"为喻，说明人生型式未定，不自为却可为一切。任何人只要少私寡欲，就近乎"一"了。

现代人最好先改变"能动不能静"的习惯，从静下来一分钟着手，培养出静的能力，使"刚强"的气减损一些，再减损一些，体会老子所说"弱者道之用"的效果。"静"加上"柔""弱"，灵气就恢复了。接下来逐渐变得纯朴自然，能够妥当地遮盖自己的成就，而不夸耀于人，也不故弄玄虚，那就是不违背自然，却能够顺乎自然而无不为了。一切顺乎自然，即使有成就，也是自然的成就，哪里有什么"创新"？哪里有什么值得夸耀的呢？

现代人最可怕的习惯，便是盲目地求新求变，以致乱变而不自知，因此也不能自律。尽管天地不失序，人却严重地失序，弄得天地也大受影响，因而屡屡失常。

在"易经真的很容易"系列丛书中，我们将会针对这个愈来愈普遍、愈来愈重要的课题提出一些建议，以期能帮助读者厘清什么"可变"，什么"不可变"。同时我们将秉持

"持经达变""万变而不离其宗"的精神，务求引导人们变得更好、更善，进而让世界变得更合理。唯有如此，才有可能日新又新，生生而不息。

二十一世纪最好以哲理明天道

一、易理永远与时俱进

《系辞下传》说得十分明白："不可为典要，唯变所适。"《易经》既然是一部经世致用的书，我们每一代人，应该都可以加以应用。因为它所说的"一阴一阳之谓道"，永远不会失效。但是阴阳不断推移运动，阳刚与阴柔也互相变易，所以我们不能够拘执于某种模式、形态、定规，必须随时作出合理调整。永远与时俱进，真正地活用易理。

孔子告诉我们"学则不固"，意思是学到任何事理，不可以立即相信，也不应该马上加以否定。最好把所学到的当作是多了一种参考，然后用心分析、细心比较，以便必要时"择善固执"，即从脑海里所储存的多个参考方案中，抉择出此时、此地最为合理有效的方案（择善），然后坚定地加以运用（固执）。

从"学则不固"到"择善固执"，可以见出人们为人处世的功夫之高低，而其品德修养，也各有差异。才德兼备，自然能够拿捏得恰到好处，可保无咎。其共同法则，人人都必须遵守，那就是"持经达变"。

易理为"经"，永恒不变；而当下所采取的方案是"变"，几乎每一件事，都会有不一样的地方。我们常说"以不变应万变"，可以理解成易理的原则不变，而易理的应用万变。也可以解释成"秉持不变的原则，来因应万变的现象"。

老子所说"祸兮福之所倚，福兮祸之所伏"，背后即蕴含着不变的易理。至于"孰知其极"，即谁知道这种变化的缘由呢？老子认为答案是"其无正"，那就是我们常常挂在嘴上的"不一定"。正可能变邪，善可能变恶。其中变化的道理，长久以来，总是让我们感到困惑，无法明白。所以即使人人都与时俱进，大家都持经达变，结果仍然相差甚远。

《易经》六十四卦的大象，称"先王"的，有比（䷇）、豫（䷏）、观（䷓）、噬嗑（䷔）、复（䷗）、无妄（䷘）、涣（䷺）等七卦；称"上"的，只有剥卦（䷖）；称"大人"的，也只有离卦（䷝）；称"后"的，有泰（䷊）、姤（䷫）两卦；其余五十三卦，全都称"君子"，并没有出现"小人以"的字样。"《易》为君子谋，不为小人谋"，便成为大家自我警惕的"不言之戒"，因而不敢随便占卜，更不愿意铁口直断，以免测不准时，被讥笑为"小人"而百口莫辩。

孔子说"不占而已矣"，意在勉励大家立志于行善，致力于自己的品德修养，使自己早日成为君子。文王所指称的"小人"，不过是缺乏君子德业抱负的庶民，不足以成大事。到了孔子，"小人"却变成败德的人。在孔子心目当中，"君子"与"小人"一为善，一为恶，一为成德之人，一为败德之人，更加重了道德的成分，形成了"正"与"邪"的强烈对比。

君子：周而不比；和而不同；喻于义；泰而不骄。小人：比而不周；同而不和；喻于利；骄而不泰。

"君子上达"，主要表示道德修养的向上提升。君子在这方面有重大成就，便成为"大人"。"君子"如果是进行时，"大人"就应该是君子成德的境界，即最高的典范。

二、与时俱进必须向上提升

《易经》十分重视"时"的变化，可以说六十四卦都和"时"有密切关系。三百八十四爻中，有得位而吉，也有失位而吉，有当位而凶，也有不当位反而吉的，便是受到"时"的影响所致。由于卦义多谈"时"，而爻义多言"位"，所以"时""位"固然同等重要，但"时"的影响力仍然大于"位"。

既然要与时俱进，就应该把握二十一世纪的"时义"到底有什么特性？明白了"时义"，才能合理发挥"时用"。"时义"和"时用"，前者重"义"而后者重"用"。随卦（䷐）象辞说："随时之义大矣哉！"意在提醒我们：必须随着时义的变化，玩而识之，以便合理而有效地调整时用。

二十一世纪的时义，特色在于：重视科学而轻忽人道。现代化管理，使人们普遍地重视"位格"，而轻视"人格"。大部分人竭尽全力地争取"位格"，对于"人格"的提升则十分淡漠。往昔重振道德的热情到现在已经消散不少。"德本才末"的观念，愈来愈为"才能至上"所取代。

当前种种异常现象，都是"不人道"的表现。

贫富悬殊，不人道；滥用科技，不人道；完全市场导向，不人道；言论过分自由，不人道；邪教林立，不人道……

"不人道"该怎么办呢？恢复"人道"就好了。很困难吗？其实不然。只要凡事情理兼重，共同以法为最低底线，在现有的成就上建立共识，抱持"求同存异"的心态，凡事好商量，大家各退一步，不就海阔天空了。

"道"是什么？孔子说"一阴一阳之谓道"，老子指出"道生一，一生二，二生三，三生万物"。"道"的本体，可以说就是含"有"的"无"。"道生万物"，即指万物都是从"无"中生出来，终久也必将复归于"无"。道，在天地即为自然规律，在人间则是人伦道德。二十一世纪的"时义"，既然是"重视科技而轻忽人道"，这时候的"时用"，当然就是提升道德修养，以人道发展科技。因为科技本无罪，问题在于人类滥用科技，这才破坏了"人道"，造成种种的"不人道"。

三、孔老并重才能得人道之真

当年伏羲氏不得已才一画开天，把"道"用"象"呈现出来，导致中华民族很喜欢看"象"，认为：天有天象，称为天文；地有地象，便是地理；人也有人象，叫作面相，或者扩大解释为命相。

孔子有教无类，推动民间兴学，倡导活到老学到老，使中华民族十分重视学问。格物、致知、诚意、正心、修身、齐家、治国、平天下，无不做成学问，以致学得多、用得少，很多人都是两脚书橱，满肚子学问，却全无用处。读书人五谷不分，尚可原谅，但不明事理，岂能谅解？

老子以《道德经》五千言，首先揭示"道可道，非常道；名可名，非常名"，来破除我们对"道""名"的执着。老子的用意，在以道化人类，以道化世界，更寄望以道化万世。倘使人人都能信道、行道、修道、证道，人与道合而为一，自然就能合乎"人道"，而不至于"不人道"。但是，老子又深恐后人把这当成学问来做，会背诵，会传达，也会依经解经，却不能知行合一、即知即行，最后还是不会有实际效果，因此他以"道可道，非常道"破道执，再以"名可名，非常名"破名执，接下来见有破有，见无破无，真的是用心良苦。

人道的要旨，被伏羲、孔子、老子三位古圣说尽了。伏羲一画开天，孔子以乾的精神发挥易理，而老子则是以坤的精神发挥易理。站在《易经》的基础上，来弘扬儒、道两家的天道，并将之应用在人道方面，便是我们应该走的道路。先把易理的基础打好，再把儒家孔子的人伦常道弄明白，然后依《道德经》的指示遵道而行。三者合一，不仅能够恢复人道，使科技发展走上正道，世界大同也是指日可待了。

孔、老二位先圣，都是把易学当作道学看，不仅要学，而且重行。因为修道、得道的目的，应该是行道于天下。

现代由于西方只有"哲学"，没有"道学"，所以我们不得已才用"哲理"一词来表达。好在"名可名，非常名"，只要大家心中有数就好。总有一天，我们还是要恢复"道学"，因为这才是最贴近我们内心深处的思维，现代人称之为"文化基因"。我们最好明白：传道比较容易，而真正能够得道的，非常稀少；行道比较容易，但是证道则十分困难。所以老子警示我们："使我介然有知，行于大道，唯施是畏。"意思是：倘若一个人真的有那么一点点独到的知，必然会行之于大道。这时候兢兢业业，务必以好施为戒。好施其所知，就是喜欢把那一点点知，拿来乱用。现代以"知识经济"为名，几乎完全无畏于乱用粗浅的知识来害人的不乏其人。

特别是现代网络时代，大家热衷于传短信。但由于自身的文字功力不足，所知又十分有限，因此所传的，大多是断章取义甚至是有心扭曲的东西。偏偏现代有些人不喜欢走平坦的大道，而是喜欢走快捷通道。殊不知快捷通道虽快，但实际上十分难走，很容易摔跤。可惜有些人摔跤了，还不知道反省改过，依然执迷不悟，以致找借口、耍小聪明，想尽办法投机取巧。表面上似乎占了便宜，实际上却是劳心费神，吃了很大的亏！由于快捷通道不一定是邪恶的道路，因此很多人在走快捷通道时，往往充满自信，认为自己走的是正道，意志十分坚决。对于亲友的劝阻，根本就听不进去。如今，网络上充满了一知半解、似懂非懂的快捷求知者，认为任何事情只要一机在手，便是动动手指就可以解决了。他们频繁往来于现实生活和虚拟世界之间，自己都迷糊不清，分不清楚。结果迷人自迷，害人害己，可怜最终仍不自知。

人道有"道、法、术"三个层次，"法"是行道的规矩，"术"指行道的技巧。现代人重视科学，近乎到了把科学当作宗教的地步，一切非科学不可，因此有术无道。久而久之，规矩也不见了！我们不可能反对科技发展，却亟须在研究科技之前，在道的哲理方面打好一些基础。有道有术，才算是守规矩的科技，如此才不至于像某些科学工作者那样，把科技养育成一头怪兽，给人类一点点甜头，反过来便要人类的命。在人类与科技发生冲突的关头，必须孔老并重、儒道合力，以求恢复人道之真，指引科技为人类造福。

四、人道其实很易知、很易行

"道"如果是"路"，"人道"便是"人所走的路"。只要是人，谁没有走过？谁不会走？又有谁能不走？谁敢不走？

但是"道"太大了，没有任何一个人，可以在他的一生当中，把所有的路都走完。所以各人走各自的路，彼此尊重、包容，却不相互干涉。人人走各自抉择的路，互不相干。但是人愈来愈多，道路也愈来愈复杂，各自抉择的自由，必须受到合理的限制，才能合理地维护安全和效果，也即在彼此方便的情况下，应建立起良好的交通秩序。于是乎人的自由愈来愈少，所受到的约束愈来愈多，人类争自由的呼声也跟着响彻云霄。事实上，现代人的自由程度，可以说是有史以来最高的了。无论从哪一种角度来看，都应该重视《易经》"物极必反"的警示，重新思考过去和未来，寻找二十一世纪应有的自我约束限度，而不是盲目地继续争自由。二十一世纪应该有所返，这才是这一时代人研读《易经》须关注的最重要的课题。

换句话说，人类倘若再沿着二十世纪的老路一路走下去，末日很可能就近在眼前。回头看看古老的《易经》，及早调整自己的思路，做好"继旧开新"的准备，并且从实践中加以体验。这时若能有所"得"，那便是二十一世纪新人类的"德"。以"得"为"德"，原本是中华民族的大智慧，现代人把它发扬出来，适逢其时，也是中华子孙当前最大的任务。共同努力，才是对全体人类最有价值的奉献。

　　现代中国人看到西方有宗教，不但信众颇多，而且还有至高无上的主宰神，出于"求新求变"的好奇心，便开始怀疑起为什么我们没有这样的宗教？没有这样的宗教是不是会造成人心不安？

　　《说文解字》指出："宗"的意思是"尊祖庙也，从宀从示"。我们的祖先，十分重视宗庙祭祖，希望能借此弥补为人子孙后辈者，在长辈、先祖生前未能尽孝的愧疚之情。同时也建立起后代子孙世代相传、永远不忘根本的正确观念。宗教对我们而言，应该是崇拜祖先的教化，这点和西方宗教有很大的不同。我们的宗教，以孝为主。百善孝为先，先人死后子孙还要恪尽孝道，这才是祭祀的真正用意。孝的对象并不限于父母，而是应该向外推展，还包括对社会人群有重大贡献的圣贤，甚至于生育万物的天地。我们拜天地、拜圣贤、拜祖先，都是孝的一种呈现。从孝做起，多方面提升自己的道德修养，便是中华民族的宗教观。这值得毕生努力，永远没有止境。鬼神的观念，伴随着祭祀而来。人从道来，死后复归于道。"归"与"鬼"同音，意即人归去叫作鬼。然而人死后躯体归土，而精神气息回天，所以鬼降于地而神升上天。我们所说的"鬼神"，和其他宗教所说的实在大不相同。我们认为万物皆为鬼神的气所生，所以鬼神是人类的祖先，必须受到祭祀，以与人类互为感应，彼此交流信息，务求天人合一。事实上，任何宗教只要倡导孝敬父母、重视道德，中华民族都可以加以尊重包容，可见中国自古以来，便已经充分展现出真正的宗教信仰自由。我们以"道"来包容所有宗教，只有对违背良心、不重视道德的邪教，才会加以取缔。

"人道"可以说是我们的生活方式、生活动力、生活价值。几乎每一个人，随时随地都在应用"人道"。我们不过是"日用而不知"，并没有什么"难知难行"的障碍或疑虑。能够从行中求知，也就好了。

五、结语与建议

现代人重视哲理，是一种正常的心态。但是哲理本身，必然是神话传说经过长久的淬炼才能形成。每一个民族，都有自己的神话传说，我们不应该以"求新求变"为理由，对其他民族的神话感到过分好奇，以至于盲目指称自己的神话为荒诞、谬误的无稽之谈而弃如敝屣。一个人若是自幼读多了西方的童话，唱熟了西方的儿歌，长大以后，就很难成为真正的中国人。

二十一世纪文化交流十分频繁，我们更应该先打好自己的文化根基，然后再向外扩展交流，否则很容易就会被同化而丧失了根本。

中华哲理知易行难，所以不要认为自己已经知道了就止步不前，而是应该从实践中提升自己的体认，一层一层深入，一步一步向上，一寸一寸扩展。不要把哲理当成学问来做，最好是多做少说，以免说多了，还以为自己真的做到了。知行合一，已经十分不容易，真正行道、悟道，尤为困难。

多听，才能听到不同的声音；多想，才能辨别不同声音的异同；多行，才能证明持经达变的奥妙，增强随时应变合宜的实力。

哲理是活的，应该因着时、空、人、事而制宜。运用汉字来描述哲理，由于弹性比较大，可以作出多层次的解说，应该是十分合适的。因为汉字不但灵活、灵巧、灵通，而且十分具有灵效。我们深信"人为万物之灵"，所以必须担负起更为重大的"赞天地之化育"的神圣任务！